백투더
클래식

Back
to the
Classics

권혁일 엮음

서문

거인들의 어깨 위에 선 난쟁이들

오늘날 우리가 살아가는 사회를 날씨로 비유한다면 어떻게 표현할 수 있을까? 이성주의, 합리주의, 과학주의의 모래바람에 상상력과 경이가 메말라 가는 건조한 날씨가 아닐까? 마치 현대 도시에서 동물들이 동물원 우리 속에 격리되는 것처럼, 오늘날 상상력은 『해리 포터』*Harry Potter*와 같은 판타지 소설, 〈겨울왕국〉*Frozen*과 같은 애니메이션, 영화나 드라마 속에 가두어져 버린 듯하다. 안타깝게도 오늘날 우리 아이들도 '공주 드레스'나 '파워레인저 가면'을 벗을 나이가 되면, '유치한' 상상력도 함께 벗어 버리고 과학적 사고라는 안경을 낀 건조한 어른이 되어 간다. 더불어 그리스도인의 일상생활에서 하나님은 그 현존이 점점 엷게 인식되고, 대신 이해하기 힘든 교리를 통해 이론적으로나 접할 수 있는 분으로 제한되어 있다. 이런 시대에 '기독교 영성 고전'을 읽는다는 것은 이성주의 시대에 저항하는 '불경한' 그러나 용기 있는 행동이다.

저명한 영성학자 아서 홀더Arthur G. Holder에 의하면 '영성 고전'은 "시간과 공간을 초월하여 여러 세대를 걸쳐 독자들의 삶에 깊은 변화를 일으킨 종교적 진리를 담고 있는 글"이다. Arthur Holder 엮음, *Christian Spirituality: The Classics* (New York: Routledge, 2010), xiv. 가장 1차적인 기독교 영성 고전은 하나님의 계시의 말씀인 성서이다. 그런데 성서는 굳이 영성 고전으로 분류되지 않아도 그 자체로서 탁월한 지위를 차지하고 있기에, 일반적으로 기독교 영성 고전이라고 할 때에는 성서 시대 이후 기록되어 지금까지 널리 사랑받으며 꾸준히 읽히는 작품들을 말한다. 물론 어떤 특정한 텍스트가 영성 고전의 범주에 들어가느냐 아니냐에 대해서는 사람마다 생각이 다를 수 있다. 하지만 보통 이 범주에 포함되는 글들은 저자들이 삶에서 길어 올린 생생한 영적 진리와 경험을 담고 있다. 그래서 독자가 글을 통해 저자들이 전하는 지혜와 경험에 접촉하게 되면, 그것들은 더 이상 종이 위의 문자로 존재하지 않고 독자의 삶 속에서 새로운 경험으로 살아난다. 마치 C.

S. 루이스의 『나니아 연대기:새벽 출정호의 항해』에서 에드먼드와 루시가 벽에 걸린 바다 그림을 자세히 들여다볼 때, 액자에서 바닷물이 쏟아져 나와 조그만 방이 나니아의 세계로 변하는 것처럼, 영성 고전에 담긴 지혜와 경험은 독자의 현실로 쏟아져 나와 우리로 하여금 우리가 살고 있는 세계가 하나님의 신비로 빛나고 있음을 발견하게 한다. 이처럼 영성 고전을 읽는 것은 그 자체로 현재적인 영적 경험을 위한 새로운 공간을 창조하기도 하고, 또한 과거와 미래의 영적 경험을 해석하는 데 유용한 도움을 주기도 한다.

그러나 이와 같은 일이 항상 자동적으로 일어나는 것은 아니다. 최근 주목받는 일본의 비평가 사사키 아타루는 책을 읽을 때 우리의 내면에서는 변화에 저항하는 '방어기제'가 자연스럽게 작동하여 독자로 하여금 책이 어렵고 무료하다고 느끼게 하거나 감동받은 내용도 쉽게 잊게 만든다고 지적한다. 사사키 아타루 지음, 송태욱 옮김, 『잘라라 기도하는 그 손을: 책과 혁명에 관한 닷새 밤의 기록』(자음과 모음, 2012), 40. 특히 대부분의 영성 고전 작품들은 한국의 독자들에게는 생소한 시대와 장소와 문화 속에서 다른 언어로 기록되었기 때문에 읽기가 쉽지 않아서 '방어기제'가 작동하기에 아주 좋은 조건을 가지고 있다. 이에 이 책의 필자들은 기독교 영성학Christian Spirituality을 전공하며 읽고 배운 고전 작품들을 한국의 독자들과 함께 나누기 위해서 2012년부터 팀블로그spirituality.co.kr를 중심으로 〈산책길 기독교영성고전학당〉을 시작하였다. '산 책living books'을 '길'로 삼아 영적 여정을 함께 걸어가자는 의미이다. 아직 대부분의 연구원들이 학위 과정 중에 있는 학생의 신분이라 여러 면에서 부족함이 많은 것이 사실이다. 하지만 블루아의 피터Peter of Blois, 1130-1203의 말처럼 독자들과 함께 "거인들의 어깨 위에 선 난쟁이들"이 되어 비록 "우리의 소견은 일천日淺할지라도, 영적 거장들의 어깨 위에 선 덕분에 우리는 그분들보다 더 높은 식견을 가지고, 바른 신앙의 길을 전망할 수 있게"139-140쪽 되기를 바라며 부족한 글들을 독자들 앞에 내어놓는다.

이 책의 아홉 명의 필자들은 고전 작품과 저자를 선정할 때, 가능한 한 다양한 시대와 전통을 아우르기 위해 노력하였다. 또한 많지는 않지만 여성 신비가들과 한국 저자들, 평신도들의 작품들도 포함함으로써 '서구', '남성', '성직자'들의 작품에 경도되지 않고 영성 고전의 다양한 스펙트럼을 담아내고자 하였다.

여기에 실린 스물세 편의 에세이들은 2013년과 2014년에 기독교 월간지 《복음과상황》의 '백투더클래식'이라는 꼭지에 연재된 글들이다. 원래 시리즈의 기획 의도가 고전 작품과 현대의 이슈 사이에 가교를 놓는 것이며, 또한 시사 주제를 다루는 월간지의 특성상 이 책에 실린 글들에는 잡지에 게재될 당시 유행한 영화, 게임, TV 프로그램, 또는 사회적 이슈 등에 대한 언급을 의도적으로 포함했다. 그렇지만 이러한 사실이 이 에세이들을 특정한 시대의 특정한 사건에만 해당되는 것으로 제한시키지 않는다. 그것은 고전의 본질적인 특징, 곧 시간을 초월하는 항구성과 장소를 넘어서는 보편성 때문이다. 영성 고전에서 얻은 지혜로 현대의 교회와 사회를 진단하고 해결을 모색하는 글들은, 독자들에게 이 책에 언급되지 않은 또 다른 현대 이슈들도 바르게 파악할 수 있는 관점을 제공해 줄 것이다.

독자들의 형편대로 이 책에 수록된 에세이들을 교회나 공동체의 소그룹 멤버들과 함께 읽고 토론한다면, 이 책의 저자들이 말하는 것보다 더 나은 지혜를 얻을 수 있을 것이라 생각한다.

이 책에 수록된 에세이들은 《복음과상황》에 게재된 글에서 제목과 잘못된 정보들을 일부 수정한 것들이다. 그리고 글의 주제에 따라 다음과 같이 세 부분으로 묶고 순서를 새롭게 배열하였다. 먼저 제1부 "신비와 경이"에서는 온 우주는 물론 우리의 일상에 가득한 하나님의 '신비' 또는 '경이'wonder와의 만남에 관한 글들을 모았다. 오늘날 우리나라의 그리스도인들 중에는 '신비'라고 하면 비현실적이고 미신적인 어떤 기괴한 것이라고 생각하는 이들이 적지 않다. 그러나 이 글의 저자들은 하나님의 신비는 우리의 현실 속에서 빛나고 있으며, 때로는 육체적인 관계 속에서도 발견된다고 말한다. 무엇보다 우리의 영혼 자체가 하나님의 신비를 향해 끊임없이 여행하는 신비한 존재이다. 하나님은 때로 우리에게 신랑으로, 어머니로, 또는 연인으로 경험되기도 하는데 이 경험의 중심에는 믿음과 사랑이 놓여 있다. 믿음은 하나님의 신비와의 접촉점이며, 사랑만큼 놀라운 신비가 없다. 이 신비를 알기 위해서는 지적 호기심이 아니라 면학심, 곧 "별을 노래하는 마음"27쪽을 품어야 하며, 우리의 영적 감각이 훈련되고 변화되어야 한다.

다음으로 제2부 "훈련과 형성"에서는 우리 시대에 필요한 영성은 무엇이며, 그러한 영성을 갖기 위한 영적 훈련에는 어떤 것들이 있는가에 대한 대답들을 모았다. 우리가 살아가는 자본주의, 소비주의 사회의 뿌리에는 인간의 비뚤어진 욕망이 존재한다. 욕망은 거짓 자아의 가면을 만들기도 하고, '강철우리'와 같은 사회구조, 의식, 습관을 만들기도 해서 그 속에 살아가는 개인의 생각과 삶을 구속한다. 변화는 '자기 사랑의 우리'로부터 벗어나는 '진정한 회심'에서 시작된다. 이를 위해서는 자신이 의존하는 모든 것을 버리고, '자신의 사막'으로 떠나는 급진적인 결단과 용기가 필요하다. 성자 프란치스코는 이런 용기를 가진 사람이었다. 예수 그리스도를 본받고자 하는 고상한 욕망을 가졌던 그의 발자취는 우리를 가난과 섬김의 삶으로 초청한다. 이렇게 그리스도의 제자로 형성되기 위해서는 영적 규칙을 공유하는 공동체와 함께 걸어가는 것이 매우 도움이 된다. 때로는 타락한 제도권 교회 밖에서 길을 찾은 이들도 있지만, 이들 옆에는 뜻을 같이하는 벗들이 있었다.

마지막으로 제3부 "이웃과 정의"에서는 영성의 사회적 측면과 관련된 글들을 모았다. 한국 그리스도인들 사이에는 영성이 한 개인과 하나님 사이의 초월적인 관계에 관한 것이기 때문에 사회와는 무관하다고 여기는 오해가 편만하다. 그러나 영성은 본질적으로 사회적이다. 하나님과의 연합은 우리로 하여금 자연적으로 세상을 향한 하나님의 긍휼에 동참하게 만들기 때문이다. 영성가들은 하나님께서 주신 공공의 부를 공평하게 나눠 가지지 않고, 다른 이들이 가난으로 죽어 가고 있는 것을 보고도 방치한다면 도적질과 살인을 범하는 것과 다르지 않다고 가르친다. 이런 점에서 교회는 사교클럽으로 전락해서는 안 되며, 구원의 복된 소식은 소유와 배움의 유무를 떠나 모든 이들에게 흘러가야 한다. '순수 기독교'로 돌아가기 위해서는 불의에 분노해야 하고, 정의와 평화가 입 맞추도록 분투한 예언자들과 신앙의 선배들의 희생정신을 회복해야 한다. 나아가 하나님의 '비리디타스' viriditas, 곧 만물에 깃든 생명력을 통해 인간 사회는 물론 자연 생태계가 회복되도록 노력해야 한다.

돌아보면, 이 책은 〈산책길〉 팀블로그에 게재된 이종태 목사님의 "큐리오시티"라는 글에서 시작되었다. 이 글을 《복음과상황》의 옥명호 편집장님이 읽고, 신생 단체인 〈산책길〉에게 소중한 잡지의 지면을 내어 주셨다. 지난 2년 동안 원고를 깔끔하게 편집해서 인쇄해 주신 《복음과상황》 편집부 식구들께 필자들의 마음을 모아 깊은 감사를 드린다. 또한 어려운 기독교 출판 여건 속에서도 무명의 필자들의 글을 한 권의 책으로 묶어 내어 더 많은 독자들을 만날 수 있도록 해주신 도서출판 예수전도단에게도 고마움을 전한다. 그리고 학당의 시작부터 지금까지 팀블로그 댓글과 SNS 등을 통해서 응원해 주신 독자들은 이 책의 숨은 공로자들이며 〈산책길〉의 소중한 길벗들이다. 또한 독자들께서 책을 읽다가 발견하는 부족한 부분들을 일깨워 주신다면, 다음 글을 위한 귀중한 밑거름으로 삼을 것이다.

    마지막으로 필자들이 바쁜 학업과 목회 가운데서도 〈산책길〉 활동을 병행할 수 있도록 헌신적으로 뒷바라지하고, 나아가 글을 챙겨 읽고 조언해 주신 필자들의 아내들께도 진심 어린 사랑과 감사를 전한다.

2015년 6월
저자들을 대신하여
엮은이 권혁일

차례

| 서문 | 거인들의 어깨 위에 선 난쟁이들 | 5 |

01 신비와 경이

01	이종태	**큐리오시티**	21
02	남기정	**〈퍼펙트 센스〉와 영적 감각**	33
03	권혁일	**신 나는 맞바꿈** 루터, 그리스도인의 자유와 믿음을 말하다	45
04	박세훈	**렛잇고? 렛잇샤인!!** 아빌라의 테레사와 『영혼의 성』	59
05	임택동	**신앙, 끝없는 목마름의 여정** 그레고리우스의 에펙타시스	73
06	정승구	**하나님과 '연애'하기** 잔느 귀용의 『아가서 주석』	85
07	이종태	**'어머니' 하나님** 노리치의 줄리안과 『계시』	99
08	박세훈	**로그인 클라우드** 로렌스 수사와 하나님의 임재	111

02 훈련과 형성

09	남기정	존 웨슬리의 '영적 독서를 위한 조언'	127
10	권철우	회심은 '강철우리'를 깨뜨린다	
		현대 자본주의 사회와 조나단 에드워즈	141
11	권혁일	굿 딜(Good Deal)? 에크하르트의 눈으로 본 소비주의 영성	153
12	이강학	가난한 부인과 '가난 부인' 프란치스코와 '가난의 영성'	165
13	임택동	사막의 꽃 『사막 교부들의 금언집』	179
14	이경희	고상한 욕망 지라르의 렌즈로 본회퍼를 읽다	191
15	정승구	타락한 교회 밖에서 길을 찾다	
		조지 폭스의 '침묵'과 존 버니언의 '이야기'	203
16	이강학	영성 생활은 리듬이다 『베네딕트의 규칙서』와 규칙의 재발견	217

03 이웃과 정의

17	임택동	**공감을 넘어서 긍휼로** 안토니우스와 '긍휼의 영성'	*235*
18	박세훈	**넘치는 부, 메마른 사랑** 바실리우스와 '부의 공공성'	*247*
19	권혁일	**정의와 평화가 입맞추게 하라** 길선주·이기풍의 예언자적 영성	*259*
20	이경희	**순수 기독교로의 귀환** 디트리히 본회퍼의 『옥중서간』	*273*
21	남기정	**교회여, 사교클럽에서 벗어나라** 마틴 루터 킹의 『옥중서신』	*285*
22	이경희	**김교신과 '민본'의 기독교**	*299*
23	정승구	**힐데가르트의 '비리디타스'와 여성 리더십**	*311*

주제별 색인　　　　　　　　　　　　　　　*324*

Back to the the Classics

신비와 경이

01

- Curiosity. 큐리오시티 _이종태
- Perfect Sense. 〈퍼펙트 센스〉와 영적 감각 _남기정
- Martin Luther. 신 나는 멋쟁이 꿈 _권혁일
- Teresa of Ávila. 레이고 댓인사인! _박세훈
- Epektasis. 신앙, 끝없는 목마름의 여정 _임택동
- Jeanne Guyon. 하나님과 연애하기 _정승구
- Julian of Norwich. '어머니' 하나님 _이종태
- Brother Laurence. 로렌의 클라우드 _박세훈

01

큐리오시티
Curiosity

이종태　　entehodo@gmail.com

GTU의 박사 과정에서 기독교 영성학을 공부하였다.
『순전한 기독교』, 『가르침과 배움의 영성』, 『메시지 예언서』 등을
비롯한 여러 권의 책을 번역했다. 「C. S. 루이스: 탈(脫)주술화된
세계에서의 경이(wonder)의 영성」에 대한 논문을 썼다.

큐리오시티

아우구스티누스의 *De Trinitate*[삼위일체에 관하여]는 총 열다섯 권으로 구성되었는데, 제8권부터 제15권까지가 『아우구스티누스: 후기 저서들』(기독교고전총서 7, 두란노아카데미, 2011)에 번역·수록되어 있다.

미 항공우주국 나사NASA의 과학자들은 그들이 쏘아 올린 네 번째 화성 탐사 로봇의 이름을 '큐리오시티'라고 지었다. 재미있는 이름이다. 큐리오시티curiosity, 곧 '호기심'이야말로 그 탐사를 발진시킨 원동력이라는 의미를 담은 것일까?

흔히들 과학 탐구의 동력을 인간의 호기심에서 찾는다. 아닌 게 아니라, 한스 블루멘버그Hans Blumenberg, 1920-1996라는 독일의 철학자이자 문예학자는 17-18세기 유럽의 과학혁명은 인간의 호기심의 해방을 통해 비로소 가능했다고 말한 바 있다. Hans Blumenberg, *The Legitimacy of the Modern Age*, trans. Robert M. Wallace(Cambridge, MA: MIT Press, 1985), 229-456. 이 책은 도서명보다도 책의 제3부 "The 'Trial' of Theoretical Curiosity"[이론적 호기심의 시험]으로 더 많이 알려져 있다.

호기심의 '해방'이라니, 호기심이 언제 속박이라도 받았단 말인가? 그렇다. 호기심이 지금과 같이 마음껏 활개를 치게 된 것은 17-18세기 무렵부터다. 그 전에는 호기심은 억압받고 박대당해 왔다. 찬밥 신세를 면치 못했다.

왜 박대당했을까? 연유는, 호기심이 죄 된 '욕망'이었기 때문이다. 호기심을 죄 된 욕망이라고 (처음) 말한 이는 아우구스티누스Augustinus of Hippo, 354-430였다. 중세의 사상적 토대를 놓은 이 신학자에 따르면, 호기심은 "안목의 정욕"concupiscentia oculorum이었다. 다시 말해, 호기심은 죄였다.

아니, 호기심이 왜 죄일까? 지금은 온 인류의 주목을 받는 거대 프로젝트의 이름이 될 정도로, 가히 덕virtue으로 추앙받는 그것이 어째서 중세시대에는 악vice으로 취급받았던 것일까? 역시 중세는 계몽주의 전도사들이 선전하듯 '암흑기'였기 때문일까? 중세를 지배했던 기독교는 인간의 지적 탐구를 정말 죄악시했던 것일까?

아우구스티누스에게 "당신은 왜 호기심을 죄라고 하십니까? 뭔가를 알고 싶어 하는 마음이 어째서 잘못이란 말입니까?" 하고 묻는다면, 그 히포의 주교는 뭐라고 대답했을까?

스투디오시타스 vs. 큐리오시타스

먼저, 아우구스티누스의 중세시대에는 뭔가를 '알고 싶어 하는' 마음, 곧 인간의 (바람직한) 지적 탐구심을 가리키는 다른 말이 있었다는 사실부터 짚고 넘어가야겠다. 바로, '스투디오시타스'studiositas라는 말인데, 영어 'studious'와 관련 있는 말이니 우리말로는 '면학심'勉學心이라고 옮길 수 있다. 아우구스티누스는 주저主著 [삼위일체에 관하여]*De Trinitate*에서 이 '면학심' studiositas과 '호기심'curiositas을 구분하여 서로 어떻게 다른지 언급하는데, 그 내용을 알기 쉽게 풀면 이렇다.

아우구스티누스에 의하면 호기심이나 면학심 둘 다 '알고 싶어 하는' 마음이다. 그런데 호기심은 '모르는 것'을 알고 싶어 하는 마음이고, 면학심은 '아는 것'을 '더 깊이' 알고 싶어 하는 마음이다. 왜 이미 알고 있는 것을 더 깊이 알고 싶어 할까? '사랑' 때문이다. 자신이 알게 된 것을 사랑하게 되어서, 그 사랑에 이끌려, 그것을 더 깊이 알고 싶어 하는 것이다. 즉, 면학심은 '사랑하니까' 알고 싶은 것이다. 이에 반해, 호기심은 그냥 '모르니까' 알고 싶은 것이다. 혹자는 호기심도 사랑이 아니냐고 물을지 모르겠다. 즉 면학심이 '알게 된 것'을 사랑하는 마음이라면, 호기심은 아직 '모르는 것'을 사랑하는 마음이 아니겠느냐고 말이다. 그러나 그렇지 않다. 호기심은 실은 '모르는 것' the unknown을 미워하는 마음이다. 왜냐하면 호기심이란 '모르는 것'이 '없어지기를' 바라는 마음이기 때문이다. 호기심은 이 세상에 자신이 모르는 것은 하나도 남지 않기를 바란다. Bk.X, Ch.l.

1600여 년 전의 성인聖人이 말한 논리를 오늘의 우리가 그대로 따라갈 필요는 없을 것이다. 그러나 '알고 싶어 하는' 마음, 즉 인간의 탐구심에는 사랑에 기반한 탐구심과 그렇지 못한 탐구심, 두 종류가 있다는 그 성인의 말은 인간의 '지식' 문제-인식론, 지식의 역사, 지식사회학-를 놓고 진지하게 사고하는 이들에게 여러 유익한 생각거리를 던져 준다.

무엇보다 '지식'이라는 주제를 논할 때 '사랑'을 중심에 끌어들이는 것이 기독교 신학자다우면서 또한 성인답다. 기독교 신앙과 영성에서 진리와 사랑은 서로 떼려야 뗄 수 없는 것이기 때문이다["안다는 것은 사랑한다는 것이고, 사랑한다는 것은 안다는 것이다 amor ipse notitia est / love itself is a form of knowing"].

그러나 '호기심'은 사랑이 아니다. '사랑해서', 즉 뭔가에 대한 사랑에 이끌려서 알고 싶어 하는 것이 아니다. 호기심은 그냥 '모르니까' 알고 싶은 것이며, 아울러 모르는 것을 알고 싶어 하는 까닭은 그것을 '정복하고 싶어서'다. 그것을, 그 대상object을 파악把握하고 장악掌握해서 '마스터'(지배!)하고 싶어서다. 즉, 호기심은 정복욕이다.

호기심의 시선은 신대륙의 원주민을 관찰하는 제국주의자들의 시선과 닮았다. '제국주의자들'의 눈eye/I에 '타자'는 정복과 착취의 대상이지 사랑의 상대가 아니다.

경이, 별을 노래하는 마음

17-18세기 과학혁명의 배후에 정말 이러한 호기심의 발동이 있었던 것일까? 아니, 그 전에 인간의 지적 탐구-철학-자체가 이러한 호기심의 발로인 것일까? 인류에게 지적 탐구 정신을 가르쳐 준 그리스 현인들-소크라테스, 플라톤, 아리스토텔레스-의 생각은 달랐다. 그들은 이렇게 말했다.

> "철학은 경이thaumazein에서 시작한다.
> *Philosophy begins in wonder.*

경이야말로 철학의 시원 arche이라는 말이다. 그런데 여기서, 경이驚異란 무엇인가?

'경이란 무엇인가?'라는 물음은 참 묘한 질문이다. '이것은 무엇인가?'를 묻는 것 자체가 본래 경이의 한 표현이기 때문이다. 경이란 '이게 뭐지?' 하고 묻는 것이다. 그러나 그냥 묻는 것이 아니라 '경탄'驚歎하는 것이다. 그저 몰라서 묻는 것이 아니라 놀라서 묻는 것이다. 너무도 놀라운 wonderful 것 앞에서 말문이 막히고 aporia, 그리고 눈이 동그래지는 것이다.

아우구스티누스는 바로 이런 경이야말로 진정한 지적 탐구의 정신/영성이라고 말하고 있는 것이 아닐까? 진정한 지적 탐구는 '알면 알수록 놀라운' 무언가를 향한 사랑에 이끌리는 탐구다. 다시 말해, 알면 알수록 놀랍기에 더 알고 싶은 것이다. 그 '신비'를 사랑하는 것이다. 그러나 호기심은 신비를 사랑하지 않는다. 호기심은 신비를 '풀고' 싶어 한다. 이는 사실상, 신비를 인정하지 않는 것이다. '풀릴' 수 있는 것이라면 그건 '신비'가 아니라 '퍼즐'에 불과한 것이기 때문이다.

소크라테스는 "철학은 경이에서 시작한다."고 가르쳤지만, 그의 제자들은 지적 탐구와 경이의 구체적 관계에 대해 서로 생각이 달랐다. 대다수는, 철학은 경이에서 시작하긴 하지만 '지식'-퍼즐의 해답-획득을 통해, 경이가 가져오는 당혹감 perplexity에서 벗어나는 것이 철학의 목표라고 생각했다. 그 정점에 데카르트Rene Descartes, 1596-1650가 있다. 근대철학의 아버지라 불리는 그는, 철학은 경이에서 출발하지만 그 경이감에서 "최대한 벗어나는" 것이 철학이 추구할 바라고 말했다. 『정념론』.

그러나 소크라테스의 정신/영성에 좀 더 가까웠던 이들은, 경이는 철학의 출발점beginning일 뿐 아니라 또한 목적지end이고, 철학은 경이에서 시작할 뿐 아니라 또한 경이에서 완성된다고 생각했다. 철학함이란 '지식 획득'이 아니라 '지혜 사랑' phileo-sophia이며, 지혜의 근본은 놀랍기 그지없는 신비에 대한 응답으로서 경이/경외에 있다고 믿었다.

인류가 화성까지 탐사선을 보낸 것은 생명의 신비, 우주의 신비, 그 '알면 알수록 놀라운' 신비에 사로잡혀서였을까? 그 두렵도록 매혹적인 신비에 이끌려서였을까? 아니면, 그 신비-퍼즐-를 풀어냄으로써 '이 세상에 자신이 모르는 것이 하나도 남지 않기를' 바라서였을까? 인간이 모르는 것이 하나도 없게 된 세상, 그런 세상은 어떤 세상일까? 아마도 '노래'가 불리지 않는 세상일 것이다. 왜냐하면 노래한다는 것은 무언가의 '경이로움'wonder을 노래하는 것이기 때문이다. 어린 시절 우리가 배운 이 노래처럼 말이다.

> *반짝 반짝 작은 별 아름답게 비치네….*
> *Twinkle twinkle little star,*
> *how I wonder what you are….*

"How I wonder what you are!" 그렇다. 경이는 사랑이며, 경이의 눈은 모든 것을 사랑의 상대로 본다. 밤하늘의 별도 경이로 가득 찬 눈eye/I에는 '저것'It이 아니라 '너'You다. 나는 '너'가 놀랍다. '너'가 신기神奇하다. '너'는 내게 신비神秘다. 그래서 나는 '너'를 노래한다. 노래만이, 시詩만이 내가 '너'에게 다가갈 수 있는, '너'를 통해 신神에게 다가갈 수 있는 유일한 길이기 때문이다.

> 유스터스가 말했다.
> *"우리 세계에서는 별은 활활 타고 있는 거대한 가*

스 덩어리예요."[01]

라만두가 말했다.

"얘야, 사실 너희 세계에서도 별[01]이란 그런 것이 아니란다. 다만 그것으로 만들어졌을 뿐이지."

"That is not what a star is, but only what it is made of."

C. S. Lewis, *The Voyage of the 'Dawn Treader'*, Macmillan(1952), 226.

---

01 '가스'는 별의 재료일 뿐, 별의 본질이 아니라는 말. 별(나아가, 모든 창조물들)은 그저 '물질 덩어리'가 아니라 하나님의 영광을 가리켜 반사해 주는 '상징'이라는, 루이스의 성사적(sacramental) 세계관을 엿볼 수 있다.

02

〈퍼펙트 센스〉와 영적 감각

남기정 kjnam27@gmail.com

사우스 샌프란시스코에 위치한 새열매연합감리교회 목사이며, GTU의 박사 과정에서 기독교 영성학을 공부하고 있다. 현재는 '존 웨슬리와 초대 교부 마카리우스의 영적 감각론 비교 연구'라는 주제로 논문을 쓰고 있다.

〈퍼펙트 센스〉와 영적 감각

여기에 인용된 오리게네스의 *Contra Celsum*[켈수스에 대항하여]는 그리스 교부 문헌 총서인 *Patrologia Graeca*(PG) 11권에, 그리고 닛사의 그레고리우스의 *De anima et resurectione*[영혼과 부활에 관하여]는 PG 46권에 실려 있다. 이 두 권은 아직 한국어로 번역되지 않았다. 아우구스티누스의 *In Johannis evangelium tractatus*[요한복음 논고]는 그 일부분이 『어거스틴의 요한복음 강해』(신언, 코무니카레 출판사)로 각각 출판되었고, 『아우구스티누스: 후기 저서들』(기독교고전총서 7, 두란노아카데미, 2011)에도 일곱 편의 설교가 포함되어 있다.

감각 없이도 사랑할 수 있을까?

2011년 말 개봉한 데이비드 매켄지David MacKenzie 감독의 영화 〈퍼펙트 센스〉는 다음과 같은 질문을 던진다.

> 전 인류의 풀리지 않는 이상 현상을 연구하는 과학자 수잔(에바 그린), 탁월한 재능의 매력적인 요리사 마이클(이완 맥그리거), 사랑에 있어서 냉소적이던 이 둘은 운명 같은 이끌림으로 뜨거운 사랑에 빠져든다. 그러던 어느 날, 전 세계 곳곳에서 정체불명의 바이러스로 인간의 감각이 하나씩 마비되는 이상 현상이 나타난다. … 냄새도, 맛도 사라져버린, 만져도 느낄 수 없고, 볼 수도 없는 세상, 그래도 그들은 사랑할 수 있을까?
>
> '다음' 영화 정보, 〈퍼펙트 센스〉에서

'감각이 없어져도 우리는 사랑할 수 있을까?'라는 질문에 영화는 '그렇다!'고 답한다. 영화 속 두 남녀의 사랑은 감각이 하나씩 사라져 갈 때마다 오히려 한 단계씩 더 깊어져 간다. 영화는 이렇게 말하는 것 같다. 사랑은 그 자체가 '완벽한 감각'(퍼펙트 센스)이며, 육체적인 감각을 초월한다!

육체적 감각을 초월하는 사랑의 대표는 신애神愛, 즉 '하나님을 향한 인간의 사랑'amor Dei이다. 창조주이신 하나님은 세상 만물과 전혀 다른 존재, 곧 '전적 타자'이시다. 하나님은 피조물인 우리가 감각을 통해 알 수 있는 존재가 아닌 것만 같다. 그런데 어떤가? 우리는 종종 그분을 느끼고感, 알고知, '사랑한다愛'고 말한다. 어떻게 이것이 가능할까?

초대교회의 신학자와 영성가들은 그건 우리에게 '감각'이 있기 때문이라고 말한다. 좀 더 구체적으로, 인간에게는 육체적 감각을 넘어서는 영적 감각이 있다는 것이다. 인간에게는 물질계를 초월하는 영적 실재를 감지感知할 수 있는 능력이 있다는 이 '영적 감각론'은, 교부들의 신학 전체가 그러하듯 성경 말씀에 뿌리를 두고 있다.

성경은 "우리는 하나님을 볼 수 없다. 만일 그분께서 자신을 직접 보이시면 우리는 그 앞에서 견딜 수 없다." 출 33:20, 요 1:18고 한다. 그러면서도 다른 구절에서는 하나님의 선하심을 직접 '맛보고' 시 34:8, 그분의 음성을 '들으라'고 초대하며 시 95:7, 마음이 청결한 자는 그분을 '볼' 것 마 5:8이라고 말한다. 현대인들은 이러한 묘사를 그저 수사학적 기교, 곧 하나님에 대한 인간의 지적 이해를 다만 은유적으로 표현한 것으로 여기기 십상이지만, 오리게네스Oriegenes Adamantius, 185-254를 필두로 초대교회 교부들은 인간에게는 하나님을 감지할 수 있는 '영적 감각'이 있다는 뜻으로 이해했다. 오리게네스는 다음과 같이 생생하게 설명한다.

> *성경이 말씀하듯, '영적 감각'이 있다. 하나님의 은총을 입은 사람들은 이 세상에서 그것을 얻을 수 있다. 솔로몬은 이렇게 말했다. "그대는 영적인 감각을 얻게 될 것이다"* 잠 2:5.
> "You shall find a divine sense." 이 구절은 오리게네스, 클레멘트 등의 고대 교부들이 가지고 있던 어느 헬라어 구약성서 사본에서 인용된 것으로 보인다. 히브리어 원문 "하나님을 아는 지식"(*d'at' 'elohim*)에는 경험적 성격(perceptual dimension)이 포함되어 있음을 감안하여 헬라어로는 "영적(또는 신성한) 감각"으로 번역한 듯하다.

> 이 감각에는 여러 형태가 있다. 물질적 형상을 초월하는 것들, 이를테면, 체루빔이나 세라핌과 같은 것을 알아보는 시각, 공기의 진동으로 전달되는 소리가 아닌 소리를 알아듣는 청각, 세상에 생명을 주려고 하늘에서 내려오신 살아 있는 빵요 6:33을 맛보아 아는 미각이 있다. 또, 바울이 말하는 "하나님께 드려지는 감미로운 그리스도의 향기"고후 2:15와 같은 영적인 것들을 감별하는 후각과, 사도 요한이 "생명의 말씀"요일 1:1을 손으로 만졌다고 할 때의 촉각이 있다. 오리게네스 Contra Celsum[켈수스에 대항하여], I, 48, Patrologia Graeca 11, 749AB.

이처럼 오리게네스는 인간은 영적 감각을 통해 영적 실재이신 하나님을 '감각적'으로 경험할 수 있다고 확신에 찬 목소리로 말한다. 인간은 영적인 세계를 보고, 듣고, 맛보고, 냄새 맡고, 만져볼 수 있다는 것이다.

마리아와 두 제자의 영적 감각

그런데 오늘날 우리는 왜 영적 감각을 통해 하나님을 경험하지 못하고 있을까? 그것은 '타락'으로 영적 감각이 막혀 버렸기 때문이다. 교부 닛사의 그레고리우스Gregorius Nyssenus, 335-395는 영적 실재를 의심하는 당대의 회의론자들을 향해 이렇게 말했다.

> 에피쿠로스는 … [물질계에 대한] 지각perception만을 모든 것을 이해하는 기준으로 삼았다. …영혼의 감각the senses of the soul을 완전히 닫아버린 것이다. 그 결과, 그는 형상이 없는 존재들…은 볼 수 없게 되고 말았다. 그는 마치 작은 오두막에 갇혀서 하늘의 놀라운 일들을 인식하지 못하는 사람처럼 되어 버렸다. 경이로운 일들이 없는 것이 아니라, 벽과 지붕에 막혀서 그가 밖을 내다보지 못하는 것일 뿐이다. 육체적 감각으로 감지되는 모든 것들, 즉 우주 안에 보이는 것들은 영혼이 좁은 사람들small-souled people을 가두고 있는

일종의 지상적 벽이라 할 수 있다. 닛사의 그레고리우스,
De anima et resurrectione[영혼과 부활에 관하여], *Patrologia Graeca* 46,
21B–24A.

영적 감각을 잃어버린 상태란 마치 '작은 오두막' 안에 갇혀 있는 상태와 같은데, 그런 좁아터진 상태에 갇히고 만 것은 인간의 턱없는 탐욕과 죄, 나태와 무지 때문이다. 구원이란 바로 이런 좁아터진 곳에서 넓은 곳으로 나오는 것이다. 좁았던 영혼의 시야가 넓어지는 것이다. 그래서 교회란 작은 오두막에서 '밖으로 부름 받은 이들의 모임'ecclesia이다.

초대교회 영성가들은 "몸을 쳐서 복종시키는 훈련"고전 9:27이야말로 바로 이러한 잠들어 버린 우리 영적 감각을 다시 깨우는 길이라고 믿었다. 그런데 대체, 몸/육체/욕망/감정을 다스리는 훈련asceticism, 금욕주의이 어떻게 영적 감각을 일깨우는 길이 된다고 여긴 것일까? 왜냐하면, 놀랍게도 그들은 인간의 영적 감각과 육체적 감각이 서로 별개가 아니라고 믿었기 때문이다.

초대교회 영성가들에 따르면, 영적 감각이란 바로 우리 몸의 감각이 정화되고 각성되고 변형 또는 활성화된 것이었다. 그들은 세간의 오해와 달리 플라톤주의자들, 곧 영육靈肉 이원론자

들이 아니었다!

그런데 영적 감각은 육체적 감각의 변형을 통해 활성화된다는 통찰을 교부들은 어디에서 얻은 것일까? 그것은 다른 곳이 아니라 성서가 증언하는 '부활하신 그리스도와의 만남'에 대한 깊은 묵상에서 나왔다. 대표적 본문은 막달라 마리아가 부활하신 주님을 알아보게 되는 요한복음 20장의 사건이다.

안식일이 지난 후 첫날, 주님이 묻히신 무덤을 찾아간 마리아는 부활하신 그리스도를 만났지만 처음에는 그분을 '동산지기'로 여긴다. 그러다가 그리스도께서 자신의 이름을 부르자 비로소 눈이 열려 부활하신 그리스도를 알아보고 부활을 전하는 증인으로 살기 시작한다.

이 본문은 부활하신 그리스도를 만나는 이들의 몸 역시 '영적인 몸'으로 변화되어 가고, 그 '영적인 몸의 감각'을 통해 영적 리얼리티(실제)를 알아보게 된다고 증언한다 요일 3:2 참조. 비록 완전한 성취는 종말에 있게 되지만, 그리스도의 은혜로의 부르심에 응답하는 이들은 그 영적 변화를 미리 앞당겨, 미리 맛보며 살게 된다. 부활하신 그리스도를 만난 이들은 점점 영화靈化되어 가며 영적 감각이 열려 부활의 주님과 영적인 세계를 더 분명히 알아보게 된다. 엠마오로 내려가던 제자들이 그리스도와 함께 떡을 떼는 순간 그들의 '눈이 열려' 부활하신 그리스도를 알아보게 된 것처럼 말이다 눅 24:30-31.

얼굴과 얼굴을 대면하는 그날까지

오늘날 우리는 너무나 육체적인 오감에만 매여 있는 것은 아닐까? 인생의 성공과 행복을 '오감 만족'의 잣대로만 재려 하지는 않는가? 신앙생활에서도 하나님을 '몸의 감각'으로만 '체험'하려 하거나, 아니면 지적 이해로만 찾으려 하지는 않는가? 18세기 이후, 이성적 합리주의와 실증적 경험주의의 영향으로 학문 활동에서도 '오감의 레이더'에 걸리지 않는 것들은 논외로 하려는 경향이 있지 않은가? 하지만 이런 태도로는, 영화 〈퍼펙트 센스〉가 고발하듯이, 인간의 사랑조차 올바르게 이해하기 어렵다. 오감의 레이더만을 고집하는 사이 어쩌면 우리는 정의, 아름다움, 선善과 같은 가치에 대해 극히 일부분만 이해하게 된 것인지도 모른다. 오감만을 의지한다면 하나님의 임재 경험, 부활하신 그리스도와의 만남과 같은 신앙적 경험에는 더더욱 다가가기 어렵게 된다. 결국 우리는 신비도, 경이에 대한 감동도 모르는 무미건조한 세상에 우물 안 개구리처럼 갇혀 살게 될지도 모른다.

영적 감각에 대한 교부들의 이야기는 오늘을 살아가는 우리에게 낯설게 들리는 이야기일 수도 있지만, 이 이야기들은 우리가 작은 오두막과 같은 좁은 세계에 갇혀서 무한한 하나님의 경이에서 스스로를 소외시키지 말라고 말하는 듯하다. 그러면서 우리 감각의 '시야'를 넓히는 길은 그리스도를 뒤따르는 '영성 훈련'에 있다고 알려 준다.

신앙생활 또는 영성 생활이란 이런 훈련을 통해 우리의 감각이 점점 변화되어 가는 과정이다. 처음에는 부활하신 그리스도를 희미하게 보는 단계에서 궁극적으로 "신령한 몸"을 입고 그분과 "얼굴과 얼굴을 대하여 보는" 고전 13:12, 15:44 단계로 우리의 감각이 변화되어 가는 과정이 바로 우리의 영적 여정이다. 언제나 훈련은 고된 노력과 희생 그리고 자기 부정을 요구한다. 그러나 용기를 가지자. 우리의 모든 것 되시는 임마누엘 하나님께서 성령을 통해서 언제나 함께하신다.

아우구스티누스 Augustinus, 354-430는 주님의 은혜로 우리의 영화가 완성될 것임을 다음과 같이 확신한다.

하나님은 그대를 위해 모든 것이 되신다. 그대가 배고플 땐 그대를 위한 빵이 되시고, 목마를 땐 물이 되신다. 어두울 땐 빛이 되신다. 하나님은 후패朽敗하지 않는 분이시므로 이 모든 것이 되실 수 있다. 우리의 썩어질 몸이 썩지 않을 것을 입고, 죽어갈 몸이 불멸을 입을 때, 그대가 만일 헐벗고 있다면, 그분은 그대를 위해 불멸의 옷이 되어 주실 것이다. 아우구스티누스, In Johannis evangelium tractatus[요한복음 논고] XIII, 5, Corpus christianorum, Series latina 36, 133.

03

신 나는 맞바꿈

루터,

그리스도인의 자유와

믿음을 말하다

권혁일　　worshiper01@gmail.com

GTU의 박사 과정에서 기독교 영성학을 공부하고 있다. *Flowers of Contemplation: Peace and Social Justice*를 지었고, 『베네딕트의 규칙서』와 『제임스 게일』 등을 번역하였다. 영성과 문학, 영성과 사회정의, 수도원 영성과 현대 그리스도인의 삶 사이에서 길을 찾고 있다.

신 나는 맞바꿈 : 루터, 그리스도인의 자유와 믿음을 말하다

루터의 *Von der Freiheit eines Christenmenschen*[그리스도인의 자유에 관하여]는 한국어로 여러 번 출간되었다. 가장 최근에 번역된 책으로는 『그리스도인의 자유/루터 생명의 말』(동서문화사, 2010)이 있다. 본문에서 인용한 *Luther's Prayers*[루터의 기도]는 그의 기도문과 기도에 관한 가르침을 모은 선집이다. 이 책은 국내에 번역되지 않았지만, 대신 다른 선집들이 다음과 같은 제목으로 출간되었다. 『마르틴 루터의 기도: 불꽃같은 열정의 기도 사람』(브니엘, 2008), 『마르틴 루터의 기도: 믿음의 개혁자』(가이드포스트, 2010).

한 백화점에서 손님이 가져온 쓰레기를 고급 의류나 최신 모델의 전자제품과 맞바꿔 준다면 믿을 수 있겠는가? 악취가 코를 찌르고 더러운 물이 뚝뚝 떨어지는 음식물 쓰레기를 값진 물건들과 바꿔 준다니! 그런데 마르틴 루터Martin Luther, 1483-1546는 이보다 더 믿기지 않는 이야기를 하고 있다. 바로 '신 나는 맞바꿈' 이야기다.

독일의 종교개혁가 마르틴 루터가 1517년에 처음 교회 개혁을 시작할 때만 해도 가톨릭교회와 갈라서서 새로운 종파를 만들 생각은 전혀 없었다. 그는 당시 제도권 교회 안에서 잘못된 것을 바로잡기 원했다. 그는 개혁자였지 분리주의자가 아니었다. 그런 바람은 그가 [그리스도인의 자유에 관하여]*Von der Freiheit eines Christenmenschen*, 1520라는 편지글을 쓸 때도 마찬가지였다.

이 글은 루터의 개혁 사상의 핵심을 담고 있는 3대 논문 중 하나로 여겨질 만큼 매우 중요하고 뛰어나다. 그는 이 글을 라틴어와 독일어 두 가지 버전으로 썼는데, 라틴어본은 교황 레오 10세에게 보내기 위한 것이었다. 그래서 루터는 이 글에서 가능한 한 논쟁은 피하고, 자신의 생각을 분명하게 제시하면서 교황을 설득하기 위해 영적인 관점으로 이야기를 풀어 나간다.

그리고 독일어본은 라틴어본을 번역한 것으로 여겨지는데, 이는 당시 독일의 교육 수준이 낮은 평신도들을 위한 것이었다. 신학적으로 따지면 라틴어본이 좀 더 정교하고 분량도 많지만, 독일어본은 중세 후기의 영적 활기를 간직한 토착어로 쓰인 문서라는 점에서 그 가치를 인정받는다. 이제 이 고전 작품의 영적 활기가 잘 나타나는 구절을 잠시 인용해 보자.

믿음, 하나님의 신비와의 접촉점

> 믿음은 영혼에게 참 많은 것을 부여해서, 영혼이 신성한 말씀이신 그리스도와 같아지도록 합니다. …그러나 이뿐이 아닙니다. 믿음은 또한 신부로서

> 영혼을 신랑이신 그리스도와 하나 되게 만듭니다.
> 이 결혼 후에 바울 사도가 말한 것처럼, "그리스
> 도와 영혼이 한 몸이 됩니다" 엡 5:30.
>
> 마르틴 루터, [그리스도인의 자유에 관하여] I. 12.1.

마르틴 루터가 '이신칭의'以信稱義, 곧 사람이 구원을 얻는 것은 행위가 아니라 믿음을 통해서라는 교리를 강조했다는 사실은 많이 알려져 있다. 그러나 믿음을 신랑이신 그리스도와 신부인 영혼이 하나로 연합하기 위한 '결혼반지'라고 표현한 사실을 아는 사람들은 그리 많지 않다.

사실 그리스도와 신자의 연합을 신랑과 신부의 하나 됨으로 이해한 경우는 루터 이전에도 많이 있었다. 사도 요한과 바울의 글에 그러한 이해가 나타나는 것은 물론, 교부 오리게네스와 그레고리우스를 비롯한 많은 이들이 남녀 사이의 사랑의 노래인 〈아가〉를 해석하면서 그리스도와 영혼의 연합을 '영적 결혼'의 모델로 설명했다.

그런데 이 '결혼'에 있어서 믿음이 결혼반지, 또는 신부의 결혼 지참금으로 작용한다는 루터의 비유는 매우 신선하고 흥미

롭다. 루터는 그리스도와 신자의 영적 결혼은 모든 결혼 중에 가장 완전한 결혼이며, 이 연합이야 말로 믿음이 우리에게 가져다주는 비교할 수 없는 유익이라고 말했다. 그러므로 어떤 이들의 주장, 곧 마르틴 루터가 종교개혁을 하면서 이전의 기독교 신비주의 전통과 절연하고 이성 위주의 '합리적'(그러나 사실은 '메마른') 개신교 전통을 세운 것이라는 견해는 오해다. 그보다는 원래 아우구스티누스회 수도자였던 루터가 기독교 전통 가운데 전해져 오는 신비를 새롭게 해석하는 관점을 제시했다고 말할 수 있다.

이런 점에서 루터에게 있어 믿음은, 하나님에 대한 교리적, 신앙고백적 명제들, 예를 들면 "예수 그리스도는 하나님의 아들이시며 나의 구세주이시다."와 같은 문장들을 이성으로 인정하고 감정으로 수긍하는 것을 넘어선다.

루터가 말한 믿음은, 영혼으로 하여금 실존적으로 진흙탕과 같은 죄의 감옥을 벗어나 자유를 얻게 하고, 그리스도인이 은혜 가운데에서 합당하게 되어 하나님이라는 거룩한 신비와 만나서 하나가 되는 접촉점이다.

여기서 믿음에 대한 루터의 이해는 가톨릭 수도자이자 영성

작가인 토머스 머튼Thomas Merton, 1915-1968의 이해로 이어진다. 머튼은 [새로운 관상의 씨앗들]*New Seeds of Contemplation*, 국내 번역서 명은 「새 명상의 씨」에서 '관상'contemplation의 시작은 바로 믿음이라고 말한다. 여기서 관상이란 하나님과 영혼이 기도와 활동 가운데 일치를 이룬 상태를 말한다. 곧, 일반적으로 영성 생활의 정점으로 여겨지는 하나님과의 연합도 믿음에서 시작한다는 말이다.

어떤 사람이 믿음에 대해 잘못된 개념을 갖고 있으면 그 사람은 결코 관상가가 될 수 없으며, 반대로 믿음이 깊어지면 하나님과의 일치도 깊어진다는 게 머튼이 이해하는 바다. 그래서 그는 말하기를, 믿음은 "지성적인 동의"intellectual assent 그 이상이며, "살아 계신 하나님과 생생한 접촉을 갖게 하는 단 하나의 길"the way이라고 했다.

이처럼 개신교를 대표하는 16세기의 종교개혁가 마르틴 루터와, 20세기의 대표적인 가톨릭 영성가 토머스 머튼이 믿음에 대해 공감대를 이루고 있다는 점은 우리에게 많은 것을 시사한다.

신 나는 맞바꿈

그러면 영혼이 믿음을 통해서 그리스도와의 영적 결혼, 곧 연합을 이루게 되면 어떤 일이 일어날까? 이제 이 글의 제목인 '신 나는 맞바꿈'에 대한 루터의 설명을 읽어 보자.

> 이렇게 [영혼과 그리스도가 한 몸을 이루게 되면] 좋든지 싫든지 간에 모든 것을 함께 공유합니다. 그래서 그리스도께 속한 것은 믿는 영혼 그 자신의 것이 되고, 그 영혼에게 속한 것은 그리스도 예수 그분의 소유가 됩니다. 그리스도께는 모든 소유들과 복들이 속해 있는데, 이제 그것들은 그 영혼의 것이 됩니다. 그리고 그 영혼에게 지워져 있던 모든 악들과 죄가 이제 바로 그리스도의 것이 됩니다. 이 시점에서 신 나는 맞바꿈과 분투*der fröhliche Wechsel und Streit*가 시작됩니다. I. 12.

결혼을 통해서 한 몸을 이룬 부부가 자신들의 모든 소유를 공유하는 것처럼 그리스도와 신자는 모든 것을 함께 공유한다.

신랑이신 그리스도는 신부인 우리의 모든 약함, 죄, 슬픔, 좌절, 고통, 정죄, 죽음을 가져가셔서 그것을 모두 담당하신다. 그리고 그 대신 그리스도의 자유, 생명, 기쁨, 위로, 은혜, 승리와 바꾸어 주신다.

이것은 어린 시절 엿장수에게 빈 병을 가져다주고 달콤한 엿을 바꾸어 먹는 것과는 비교할 수 없을 정도로 신 나는 맞바꿈이다. 악취로 가득한 쓰레기를 최고급 의류나 전자제품과 맞바꾸는 것보다도 더 '말이 안 되는' 신 나는 맞바꿈이다. 그런데 이 말도 안 되는 일이 믿음을 통해 일어난다는 게 바로 루터의 확신이다. 이러한 확신의 밑바탕에는 죄의식으로 인해 괴로워하며 씨름하다가 믿음을 통해 자유를 경험한 그의 개인적인 체험이 깔려 있음이 분명하다.

역설적인 자유

참된 '그리스도인의 자유'는 이와 같이 믿음을 통해서 시작되는 '신 나는 맞바꿈'이 가져다주는 혜택이다. 우리를 끈질기게 옭아매는 죄의 감옥으로부터의 놓임, 무언가를 끊임없이 소유하고자 하는 탐욕으로부터의 해방, 그리고 우리를 정죄하는 율법으로부터의 자유가 그리스도와 믿음을 통해서 연합한 신자들에게 은혜로 주어진다. 그래서 루터에게 그리스도인은 이 세상 무엇에도, 누구에도 얽매이지 않는 자유인이다.

그러나 루터는 이 자유를 우리의 게으름이나 악행에 대한 핑계로 사용해서는 안 된다고 분명하게 경고한다. 우리가 의로 워지기 위해서 선행을 해야 될 필요가 없다는 말이, 결코 금식과 같은 육체적 훈련을 하지 않거나 선한 일을 하지 않아도 된다는 의미는 아니라고 그는 힘주어 말한다. 오히려 참된 자유는 역설적으로 그리스도인이 종으로서 모든 대상과 모든 사람들을 섬기게 한다. 그리고 이웃을 위한 섬김의 수준 또한 그리스도께서 하신 것과 같은 매우 높은 수준이어야 한다.

루터는 [그리스도인의 자유에 관하여] 마지막 부분에서 다음과 같이 말한다.

> *그리스도인들은 이렇게 생각합니다. "…아버지는 풍성하게 흘러넘치는 자신의 소유들을 나에게 감당하지 못할 정도로 부어 주셨다. 그래서 나는 그분이 아주 기뻐하실 일들을 자유롭게, 기쁘게, 그*

리고 아무 대가도 바라지 않고 할 것이다. 그리고 나의 이웃들에 관해서는 내가 그리스도가 될 것이다. 그리스도께서 나를 위하여 하셨던 바로 그 방식으로, 곧 내가 볼 때 내 이웃들에게 필요하고, 유용하며, 복된 것이라 여겨지는 것만을 행하겠다. 왜냐하면 난 믿음을 통해서 내가 필요한 모든 것을 그리스도 안에서 이미 충분하게 받았기 때문이다." Ⅲ. 27.

믿음을 통해서 그리스도와 연합한 영혼은 이제 이웃을 위해 스스로 그리스도가 된다. 그리스도께서 나를 위해 자신을 주셨던 그 방식으로, 나도 이웃을 위해 자신을 내준다. 그러므로 그리스도인이 행하는 선행은 그리스도와의 일치가 삶으로 구현된 것이다. 이 점에서 마르틴 루터가 믿음을 강조하여 선행의 중요성을 축소했으며, 그로 인해 오늘날 교회가 말만 많이 하고 행함이 부족하다는 변명은 정당성을 상실한다. 오히려 루터는 당시 중세 교회에서 개인의 구원을 위한 도구로 전락했던 선행을 건져 올려, 그리스도와의 연합 가운데 살아가는 높은 수준의 삶으로 고양시켰다.

오늘날 한국 개신교회와 그리스도인들이 각종 부패와 악행으로 인해 사회로부터 지탄 받는 것이 참으로 안타까운 이유가 여기 있다. 우리는, 개신교가 추앙하는 종교개혁자가 말한 '믿음'을 제대로 이해하지도, 구현하지도 못하는 실정이다.

믿음의 분투

이제 지금까지의 이야기를 되짚어 정리해 보자. 그리스도인이 이웃을 위해 온전히 자신을 바치는 아름다운 삶을 살지 못하는 이유는, '그리스도인의 참된 자유'를 누리지 못하기 때문이다. 죄와 탐욕으로부터 참된 자유를 누리지 못하는 이유는 '신 나는 맞바꿈'을 경험하지 못했기 때문이다. 또한 그리스도와의 연합 가운데서 '신 나는 맞바꿈'을 경험하지 못하는 이유는 우리가 바른 믿음을 갖고 있지 못하기 때문이다. 그렇다면 나는 기도 가운데, 그리고 일상생활 가운데 하나님의 신비와 접촉하게 하는 바른 믿음을 지니고 있는가?

마지막으로 '신 나는 맞바꿈'은 그리스도인이 믿음으로 예수 그리스도를 영접할 때 단 한 번 일어나는 사건이 아니다. 앞서 인용한 글을 다시 떠올려 보면 루터는 "신 나는 맞바꿈과 분투가 시작됩니다."라고 했다. 사람은 연약하기에 아무리 바른 믿음을 가진 그리스도인이라 해도 삶에서 죄의식, 우울, 슬픔, 두려움, 분노, 좌절 등을 경험한다. 그러므로 우리는 '신 나는 맞바꿈'이 계속해서 일어나기를 구해야 한다. 이런 점에서 '신 나는 맞바꿈'은 "분투"이며 I. 12, 믿음은 "항상 증가되어야" 한다 III. 27. 그래서 루터는 이렇게 기도했다.

> *오, 아버지, 모든 위로의 하나님! 당신의 말씀과 성령을 통해서 저희에게 굳건하고, 즐겁고, 감사로 가득한 믿음을 주시옵소서.*[02]

마르틴 루터, *Luther's Prayers*(Minneapolis, MN: Augsburg, 1994), 85.

---

02 모든 인용문은 독일어본을 번역한 것이며, 라틴어본은 필요한 경우 해설에서 풀어냈으나 따로 표기하지는 않았다.

04

렛잇고?
렛잇샤인!

아빌라의 테레사와

『영혼의 성』

박세훈　　joyparksh@gmail.com

샌프란시스코 제일장로교회 청년부 담당 목사이며, GTU의 박사 과정에서 기독교 영성학을 공부하고 있다. 영적 경험에 대한 심리학적 접근과 해석에 관심을 갖고 있다.

렛잇고? 렛잇샤인!! : 아빌라의 테레사와 『영혼의 성』

El Castillo Interior[내면의 성]은 테레사의 대표적인 작품으로 기도와 영적 여정에 대한 그녀의 성숙한 이해를 담아 내고 있다. 우리말로는 가톨릭에서 『영혼의 성』(바오로딸, 1970)으로 처음 소개하였으며, 최근 개신교 출판사에서 『내면의 성』(요단, 2011)으로 새롭게 번역하여 출간하였다. 이 외에 테레사의 주요 저작인 『완덕의 길』(바오로 딸, 1967)도 기도와 영적 삶에 대한 그녀의 가르침을 잘 전달해 준다.

엘사의 얼음 궁전

"Let it go"(렛잇고)는 여러 아이들 사이에서 선풍적 인기를 끌었던 노래다. 이 노래는 디즈니 애니메이션 〈겨울왕국〉*Frozen*의 주제곡으로 전반부의 핵심 장면에서 등장한다.

자유자재로 얼음을 만들어 내는 마법 능력을 가진 엘사 공주는 우연한 사고로 자신의 여동생 안나를 다치게 한다. 그 후 그녀는 자신의 능력을 저주하고 부정하면서 아끼는 동생과도 단절한 채 지낸다. 외부 세계로부터 자신을 홀로 가두고 왕좌를 책임질 역할에만 자신을 동일시하며 살아간다. 그러나 왕위 임명식이 이뤄질 중요한 순간에 자신의 마법 능력이 만천하에 드러나고, 그동안 애써 왔던 왕녀로서의 역할이 무너지자 그녀는 좌절감에 휩싸여 깊은 산속으로 도망친다.

그러던 그녀는 홀로 이 노래 "Let it go"를 부르며 새롭게 자기 자신을 인식해 간다. 노래를 부르는 동시에 자신에게 부여되었던 역할과 왕관을 벗어던지고, 그동안 스스로 '저주'해 왔던 마법 능력으로 도리어 아름다운 얼음 궁전을 만들어 낸다. 엘사에게 아름다운 얼음 궁전은 어린 시절부터 지속되어 온 자기부정의 몸부림이 전혀 다른 국면을 맞고 있음을 상징적으로 보여 준다. 물론 이 얼음 궁전 이후의 삶이 소위 선하고 행복지만은 않다. 그럼에도 엘사는 적어도 자기에게 부여되었던 가면 놀이에서 벗어나, 스스로 부정했던 자신의 능력을 수용하고 발휘하여 아름다움을 이뤄 낸다.

테레사의 수정 궁전

21세기 애니메이션의 첨단 기법을 통해 드러난 엘사의 얼음 궁전은 16세기에 한 여인이 발견한 또 하나의 성을 떠올리게 한다. 그것은 실제 건축물이 아니라 우리 내면에 존재하는 이미지로서의 성이다. 그 성은 16세기 스페인 여성인 아빌라의 테레사 Teresa of Ávila, 1515-1582가 자신의 책 『영혼의 성』에서 묘사한 궁전인데, 놀랍게도 엘사의 궁전과 유사한 맑고 투명한 궁전이다. 그러나 그 성은 자칫하면 그녀와 함께 역사 속에서 사라질 뻔했다. 테레사가 세상에 소개한 궁전의 의미와 가치를 알기 위해서 먼저 그녀가 살았던 삶의 배경을 살펴보자.

16세기 스페인의 여성들은 엘사처럼 자기 존재의 소중함을 스스로 인정하고 알아가기 어려운 환경 가운데 있었다. 당시 스페인은 신대륙 정복을 통한 영토 확장을 추구하며, 식민지 건설과 약탈을 통해 급격한 경제 성장을 이루고 있었다. 이러한 남성적 확장, 외적 확대의 흐름과 더불어 내부적으로는 엄격한 통제의 분위기가 팽배했다.

프로테스탄트 운동에 반하여 가톨릭 신앙의 수호국 역할을 자처하고 있던 스페인은 직접적인 하나님 체험을 강조하는 영적 운동이나 신비 경험을 고백하던 여성들을 배격하였다. 그렇지 않아도 여성은 집안에서 남편을 통해야 성경 말씀을 배울 수 있었으며, 당시의 신학은 하나님의 이미지는 여성이 아닌 남성을 통해 나타난다는 이론을 더 든든히 세워갔다. 이 시기에 여성은 가정에서 가능한 많은 자녀를 출산하는 역할을 미덕으로 배우며 살아갔다. 테레사의 어머니도 그 중 하나였고, 여섯째인 테레사가 열세 살에 이를 때까지 무려 열한 명의 자녀를 출산한 뒤 요절하였다. 여성은 귀족과의 결혼을 추구하거나 예수님과의 결혼을 선택할 수밖에 없던 시대적 분위기에서 테레사는 후자를 택하여 스무 살 때 아빌라에 있는 갈멜 수도원에

입회하였다.

테레사가 수도원에 들어간 이후에도 여성 신비가에 대한 위협은 지속되었다. 교회의 권위를 통하지 않은 직접적인 계시의 추구는 어떠한 경우에도 정죄의 대상이 되었다. 그녀가 말년까지 17개의 개혁 수도원을 세워 가던 기간에도 종교재판소에서는 수많은 소송을 진행하고 있었다.

20세기 후반에 이르러 가톨릭교회로부터 최초의 여성 박사로 인정받은 테레사지만, 16세기 당시에는 마녀로 낙인찍힐 위험에 처해 있었다. 이런 배경 속에서 아빌라의 테레사는 글을 통해 여성인 자신을 전혀 새로운 관점으로 묘사한다. 테레사는 자신이 쓴 『영혼의 성』 첫 장에서 이렇게 고백한다.

> 나는 오늘 주께 빌면서 내 대신 말씀해 주소서 하고 있노라니, 문득 한 가지가 떠올랐습니다. …우리 영혼을 금강석이나 아니면 맑디맑은 수정으로 이루어진 하나의 궁성으로 보는 것으로서, 거기에는 마치 하늘에 자리가 많듯이 여러 궁실이 있다는 것입니다. …높은 데 있는 것, 낮은 데 있는 것,

> 또한 옆으로 자리 잡은 것들도 있는데, 그 모든 궁실 맨 한가운데 있는 것이 가장 으뜸가는 왕실로 하나님과 영혼 사이의 그윽한 비밀이 거기에서 이뤄집니다. 아빌라의 테레사, 『영혼의 성』The Interior Castle(바오로딸, 1970), 1궁방 1장 1,3절 23, 25쪽.

무슨 말을 해도 꼬투리를 잡힐 만한 시기의 여성 신비가였지만 그녀는 과감하게 자신의 영혼을 아름다운 다이아몬드나 수정으로 이뤄진 궁으로 표현한다. 그저 아담하고 예쁜 집이 아니라 수많은 궁실과 궁실이 이어져 있는 거대한, 그러나 동시에 수정과 같이 맑디맑은 궁전을 자신의 영혼과 동일시한다. 더구나 그 영혼의 중심에는 완전한 사랑의 대상이신 하나님께서 임재하시고, 그 방에서 뻗어 나오는 광채는 수정을 통과하여 궁전의 방들을 비추어 나간다. 기도와 성찰을 통해 이 궁전의 첫 번째 문을 열고 들어간 영혼은 중심에서 방사되어 나오는 주님의 빛을 어렴풋이나마 깨닫게 된다. 그러나 수정 궁전 안에는 밖에서 떠돌던 여러 벌레들과 파충류들도 따라 들어와 영적 여정을 방해한다. 수정 궁실의 벽면에 덕지덕지 달라붙어 궁전의 중심에서 비추는 빛들을 막고 마치 장막을 씌운 것처럼 어둡게 만들어 버리기도 한다. 그럼에도 그녀는 이미 하나님께서 그 궁전의 중심에 거하시며 빛을 비추고 계심을 신뢰한다.

테레사에게 하나님의 내적 임재는 자기 영혼의 존재 방식과 영적 여정의 근본적 바탕이 되었다. 이런 자기 이해는 16세기 스페인 여성에게는 사실 불가능한 것이었다. 이는 마치 자신의 이름도 부여 받지 못하고 아들을 낳는 역할에 따라 전 존재의 가치가 결정되던 조선 시대의 여인이 이제 자기 영혼은 조선의 왕이 사는 궁전보다 더 아름다운 궁전이라고 고백하는 것과 같다.

마인드 컨트롤이나 자기 긍정의 훈련을 통해서는 얻기 불가능한 자기 인식이자 이해이며, 어쩌면 이 고백만으로도 정신 상태를 의심받을 만한 위험한 표현이다. 그러나 이 놀라운 자기 이해는 하나님으로부터 말미암았기에 5백여 년의 시간을 넘어 생존하고 있을 뿐 아니라 많은 독자들에게 도움을 주고 있다.

나의 영혼, 맑디맑은 궁전

테레사는 이 놀라운 영혼의 가치가 자기에게만 해당하는 것이 아님을 깨달았다. 그녀는 『영혼의 성』 마지막 부분에서 "우리는 누구나 다 그 영혼을 가지고 있습니다."제 7궁방 1장 1절라고 선언한다. 그리고 모든 이들을 "이제 나의 영혼은 맑디맑은 수정으로 된 궁전입니다."라고 함께 고백하도록 초대한다.

우리는 그녀와 전혀 다른 시대, 즉 개인의 가치를 긍정하는 시대를 살아가지만 이 고백을 하기는 여전히 쉽지 않다. 왜냐하면 하나님이 우리를 바라보시는 눈으로 자신을 보고 인식하기 어렵기 때문이다. 수많은 자기계발서를 통해 긍정의 힘을 키운다 하더라도 이 인식에 이르는 것은 요원하다. 영혼 중심에 완전히 내재하시는 하나님에 대한 믿음 없이는 내면의 수정 궁전을 지으려 해도 그것은 모래 위에 집을 짓는 것과 같기 때문이다. 그런 위장된 고백으로는 16세기 스페인에서 테레사가 경험했던 수준의 시험을 감당할 수 없다. 아니 그 정도의 시련이 아니더라도 기계처럼 스펙으로 자신의 가치가 결정되고 자기 고유의 목소리와 이야기마저도 생산성의 기준을 통과해야 하는 환경을 이겨낼 수가 없다.

갈등을 회피하고 조화를 강조하는 우리 사회는 이런 아름다운 궁전의 영혼보다 어디든 잘 적용될 수 있는 다용도 공간이

나 오피스텔과 같은 영혼을 요구하고 있지는 않을까? 우리는 외적 환경의 요구에 매여 살아가기 쉽다. 그래서 우리 내면의 아름다움이나 무궁무진함은 잊어버리고 세상이 요구하는 대로 나의 정체성을 내어 주며 생존을 선택하게 된다. 결국 다른 사람으로 대체될 때까지 자기 위치를 지키려는 힘겨운 씨름을 이어가고, 경쟁을 미덕으로 삼는 환경에서 근근이 살아간다. 그리고 생존자의 명단에 자기 이름을 올리는 것으로 그저 위안 삼을 때가 있다.

마찬가지로 우리는 영적 여정조차도 '영적 성숙'이라는 목표를 성취하기 위한 외면적 노력의 과정으로 만들어 버리곤 한다. 신앙의 규범이나 훈련을 반복하면서 영성도 정복의 대상이나 자기 과시물로 삼으려 한다. 이런 도식 아래에서는 테레사의 수정 궁전마저도 탐험하고 정복해 나가야 할 하나의 목표가 되어 버린다. 행여 『영혼의 성』을 읽으면서 일곱 궁방으로 이뤄진 성에서 자신이 몇 단계의 영적 수준에 도달했는지에 대한 것만 궁금해 한다면, 이런 패러다임에서 자유롭지 못함을 드러내는 것일지 모른다.

테레사는 이런 접근으로는 궁전의 중심에 계신 하나님께 이르지 못한다고 명시한다. 그녀는 자신의 글을 마무리하면서 다음과 같이 말한다.

> 물론 여러분의 힘으로 성 안의 모든 궁방을 다 들어갈 수는 없습니다. 여러분 스스로가 힘이 대단한 줄로 여기더라도 성의 주인께서 들여보내 주셔야만 될 수 있는 일입니다. 에필로그. 2절.

더불어 그녀는 이 성의 문을 통과하는 열쇠는 성주이신 하나님 앞에서의 겸손임을 밝힌다.

> 성주님이 매우 좋아하시는 것은 곧 겸손입니다. 감히 제3궁방에도 들 수 없는 몸이라고 여러분이 자처할 때, 당장 그분의 마음을 사게 되어, 제5궁방에 들게 하실 것입니다. 이렇게 해서 자주 궁방을 드나들며 섬기기를 잘하면 성주께서 계시는 바로 그 궁방에까지 들여 주실 것입니다. 에필로그. 2절.

성을 정복하기 위해 스스로의 지혜와 힘으로 억지를 부려 성문을 열고자 하는 영혼은 이 겸손과는 거리가 멀다. 그리고 성의 중심에 계신 하나님께 이르기도 어렵다. 그러나 하나님의 내적 임재 때문에 자신이 존재할 수 있고, 그분을 향한 영적 여정이 가능하다고 겸손히 고백하는 영혼에게 목자이신 하나님은 문을 열어 주신다. 자기중심적 도식에서 벗어나 외적 세계로부터 자신을 거두어 들이고 자신의 영혼 중심에 계신 주님께 겸손히 자신을 드리는 이에게 하나님은 중심에서 빛을 비춰 주신다.

Let it shine!

우리의 인식은 넘실대는 파도처럼 하나님께로 가까워지기도, 또 멀어지기도 하지만 여전히 하나님은 우리의 중심에 거하시기를 주저하지 않으신다. 완전하신 하나님이 온전히 내주하시기에 우리 영혼은 주님이 거하시는 수정 궁전이다. 『영혼의 성』을 읽으면서도 자신이 몇 단계인지 스스로에게 등급을 매기려고 할 때에도, 실상 우리 영혼은 온전히 아름다운 궁전 그 자체이다.

조금이라도 내 삶에 그분의 빛이 비치고 있다면 그것은 우리 주님의 완전하신 현존 때문이다. 겸손으로 자신을 드리는 순간, 하나님은 그 영혼 안에서 가장 빛나시고, 그 빛은 영혼의 아름다움을 드러낼 것이다. 하나님의 눈으로 영혼의 아름다움을 바라본 테레사는 다음과 같이 예언한다.

> "여러분은 당신[하나님]의 모습을 따서 이 성을 만들어 주신 위대하신 하나님을 [온 맘과 온 영]을 다하여 찬미하려 들 것입니다." 에필로그, 3절.

05

신앙,
끝없는 목마름의 여정

그레고리우스의

에펙타시스(Epecktasis)

임택동　　　limfreedom@gmail.com

미국 Davis Korean Christian Fellowship 목사이며, GTU의 박사 과정에서 기독교 영성학을 공부하고 있다. 그리스도인들의 일상과 삶 속에서 구체적으로 영위되는 신앙과 영성(lived religion)에 있어서 성경이 하는 역할에 대해 관심이 있다.

신앙, 끝없는 목마름의 여정 : 그레고리우스의 에펙타시스

닛사의 그레고리우스의 『모세의 생애』는 대략 390년대 초에 쓰여진 것으로 추정되며, 모세의 생애를 유비로 하여 "덕으로 완전"(Perfection according to virtue)이라는 주제를 다루고 있다. 우리말 번역으로는 『모세의 생애』(은성, 1993)가 있다. 그리고 본문에 인용된 같은 저자의 [아가서 주석]은 아직 우리말로 옮겨지지 않았다.

 지난 한 달 동안 우리집 앞마당은 어린 아이의 머리만 한 진분홍 수국으로 현란하게 장식되어 있었다. 그런데 그 수국이 언제부턴가 눈에 띄게 퇴색하고 잎들이 군데군데 떨어져 나가기 시작했다. 처음 꽃이 피었을 때, 나는 눈이 휘둥그레지게 기뻐하고 환영했다. 그러나 익숙해져 버린 탓일까? 하루에 몇 번씩 그 곁을 지나치면서도 내가 자신에게 눈길 한 번 제대로 주지 않았다는 것을 알아챘다는 듯 수국은 지금 속절없이 시들어 가고 있다. 눈부신 화사함도 무관심을 이길 수 없는 것일까…

 겉으로는 꽃들조차 무색할 정도의 화려한 치장을 하고, 속으로는 서로를 향한 사랑과 갈망을 한가득 안고서 사람들은 결혼식을 치른다. 주고받는 서로의 눈길은 그윽하기 이를 데 없고, 때론 감격하여 신랑 신부의 눈가엔 눈물까지 그렁그렁하다. 서로를 사랑하며 열망하던 관계가 마침내 결혼식을 통해 꽃을 피우게 되는 날이니 오죽하겠는가? 신랑 신부 사이가 이 날처럼 계속 뜨거우면 좋으련만 시간이 지나면 예외 없이 권태기가 찾아오기 마련이다. 결혼 초는 약간의 경이와 신선함을 서로 주고받는 날들로 채워지지만, 시간이 흘러 상대방이 하는 잠꼬대 패턴까지 익숙해지면, 대부분의 경우 서로에 대한 갈망의 농도가 처음에 비해서 점점 엷어질 수밖에 없다. 무료함과 권태감이 한 발짝씩 다가오는 것이다. 이 시기를 슬기롭게 극복하지 못하면 관계는 악화되고 오히려 먼 이웃보다도 못한 소원한 사이로 전락해 버리기 십상이다. 심지어 원수지간으로 관계를 마감하기도 한다.

딸이 몇 개월 동안 끈질기게 조르는 바람에 마지못해 컴퓨터 게임기를 사주었다. 한 달여 지나자, 뜨거웠던 처음 갈망은 사라지고 게임기가 점점 딸의 손에서 멀어지더니 손잡이에 뽀얀 먼지가 쌓이기 시작했다. 싫증이 나기 시작한 것이다. 이처럼 자연과 사람, 사람과 사람, 그리고 사물과 사람 사이에 수반되는 익숙해짐 또는 오래된 동거는 무관심과 싫증을 쉽사리 수반한다. 세상의 모든 관계가 그러하듯 상대방에 대해 어느 정도 알게 되고 또 익숙해지면 더 이상 상대방을 갈망하기가 어려워지기 마련이다.

그렇다면 하나님과 사람 사이는 어떨까? 사람이 신앙생활을 하면서 하나님을 나름 잘 안다는 생각을 갖게 되고 또 익숙해지면, 그분에 대한 신선함과 새로움이 점점 줄어들기도 할까? 그래서 더 이상 그분을 갈망하지 않게 되고 심지어 싫증까지 느낄 수도 있게 되는 것일까? 오리게네스Origenes Adamantius, 185?-254는 이 질문에 "그렇다."라고 대답하는 듯하다. 그는 무슨 근거로 그렇게 생각한 것일까?

다 알 수 있는 하나님?

오리게네스에게 인간이란, 하나님의 형상을 따라 만들어진 존재로서 성령의 은혜로 정화되고 합당하게 되면 관상contemplation을 통해 하나님과 연합할 수 있는 존재이다. 그리고 그에게 하나님이란, 부부가 결혼을 통해서 한 몸을 이루면 상대방을 속속들이 알게 되는 것처럼, 연합을 통해서 인간에게 자신을 알려 주시는 분이시다. 그래서 교부신학을 연구한 앤드루 라우스Andrew Louth는 오리게네스의 입장에서 하나님은 당신을 아는 이들과 결합하시어 당신의 신성을 나누어 주시는 존재이며, 오리게네스에게 하나님을 안다는 것은 "신성을 가지게 됨"

theopoiesis을 의미한다고 말한다. 앤드루 라우스, 「서양 신비사상의 기원」, 분도출판사, 118쪽.

그러므로 오리게네스의 사상에서 창조주인 하나님과 피조물인 인간 사이에 궁극적으로 건널 수 없는 간극은 없다. 어둠은 단지 사람의 노력이 부족한 탓에 초래 되는 것이며, 하나님과의 연합에 이르게 되면 뒤로 사라질 것이다. 여러 단계를 거치며 정화되고 고양된 사람의 지성 nous은 언젠가는 빛 가운데서 하나님을 알게 될 것이며, 더불어 자신의 진면목을 발견하게 될 것이다.

그래서일까? 그는 가장 높고 완전한 단계에서 하나님을 알게 되는 복된 삶을 성취한 후일지라도 "그 복에 대한 포만감 satiety이 우리를 장악하지 못하도록 지속적으로 애써야만 합니다."라고 진지하게 경고한다. *De Principiis* 1.3.8. 곧, 관상을 통해 누리는 복된 경험에 포만감이나 싫증을 느껴서 그분을 향한 갈망이 식어 버리거나 뒷걸음질치지 말라고 경고하는 것이다. 오히려 그는 그 복을 더욱 깊이 누릴수록, 우리의 갈망은 더욱 강화되어야 한다고 말한다.

에펙타시스, 그 끊임없는 갈망

하지만 갑바도기아 교부들 중의 하나인 닛사의 그레고리우스 Gregorius Nyssenus, 335-395는 이와는 다른 바탕에서 갈망에 대해 이야기한다. 그는 아타나시우스 Athanasius of Alexandria, 296-373의 영향을 받아 세상이 무無에서부터 창조되었다는 사상 creation ex nihilo을 신봉하였다. 아타나시우스는 인간은 원래 '무'였기 때문에 원래부터 존재하고 계시는 하나님과는 근원적으로 다른 속성을 지니고 있고, 그분처럼 영원성도 가지고 있지 못하다고 주장을 하였다.

그레고리우스 역시 아타나시우스와 마찬가지로 하나님과 인간 사이에는 영원히 건널 수 없는 간격이 있다고 믿었다. 그래서 그레고리우스는 당시 대다수의 교부들에게 영향을 주었던 플라톤 사상과 그의 스승격인 오리게네스와는 달리 관상을 통해 사람이 신의 속성을 공유할 수 있다는 사상을 경계하였다. 대신 인간의 지혜로는 하나님을 궁극적으로 다 알 수 없고, 다만 하나님께서 스스로 자신을 드러내시는 것만큼만 우리가 그분을 알 수 있게 된다고 생각했다. 그는 이렇게 말한다.

하나님은 모세에게 인간의 지혜로 이해할 수 있는 그 어떤 것도 하나님으로 여겨서는 안 되며, 인간이 이해할 수 있는 그 어떤 것도 하나님의 초월적인 본성과 동등한 것으로 여겨져서는 안 된다고 주의를 주셨다. 그러나 그는 하나님이 존재한다는 것을 믿어야만 했다. … 왜냐하면 하나님은 인간에게 있어서 결코 도달할 수 없는 분이시기 때문이다.

닛사의 그레고리우스, 『모세의 생애』 제1권, 은성출판사, 61-62쪽.

이 영적 여정에서는 궁극적인 만족감이나 하나님과의 일치되는 황홀경 같은 완전한 빛을 맛보는 것들은 없다. 대신 조금의 빛을 발견하여 다가서는 순간 또 다른 어둠을 맞이하는 길이다. 그렇다면 그레고리우스의 하나님, 즉 우리가 열심히 좇아가도 자신의 속살을 완전히 보여 주시지 아니하시는 다 알 수 없는 하나님을 우리 인간이 지치거나 싫증내지 않고 중단 없이 갈망할 수 있는 것일까? 이에 대해 그레고리우스는 인간의 영혼은 항상 더 높은 곳에 오르고자 하는 갈망을 지니고 있으며,

이 상승 움직임은 사도 바울이 언급한 "앞에 있는 것을 잡으려고"빌 3:13하는 갈망, 즉 하늘의 푯대를 잡으려고 하는 갈망을 통해서 지속될 수밖에 없다고 말한다. 「모세의 생애」 제2권, 224-225쪽.

이 갈망의 지속은 하나님과 우리 사이의 건널 수 없는 간극을 영적으로 인식함에서부터 비롯된다. 혹자는 "이 간극이야말로 하나님을 추구하고 좇아가는 일을 포기하도록 만들지 않느냐?" 하고 물을지도 모르겠다. 하지만 그레고리우스의 하나님은 우리가 다 담아 낼 수 없는 분이시기에 그분을 찾고 맛보고자 하는 인간들에게 영원토록 경탄과 호기심을 가져다주는 원천으로 자리매김을 한다. 따라서 지루함이나 싫증이 자리를 잡을 수 없게 되는 것이다.

이러한 그레고리우스의 관상적 삶의 특징을 교부학자 장 다니엘루Jean Daniélou는 "에펙타시스"epektasis라는 용어로 설명하는데, '영혼이 하나님을 향하여 쉼없이 나아감'을 뜻한다. 에펙타시스는 그레고리우스의 [아가서 주석]에 있는 신부가 신랑을 찾아가는 이야기를 통해 더 풍성히 다루어지고 있다.

> 그녀는 결코 발견될 수 없는 그를 찾습니다. 어

떤 이름으로도 이해될 수 없는 그를 부릅니다. 그리고 사랑하지만 그를 취할 수 없고, 따라가더라도 잡을 수 없다는 것을 파수꾼들을 통해 배웁니다. …신랑을 향한 신부의 갈망은 채워지지 않습니다. 하지만 그녀의 참 만족은 그녀가 추구하고 올라가는 데에 있어 항상 전진해 나아감에 달려 있다는 것을 깨닫는 순간 좌절의 베일은 걷힙니다. 이 갈망이 충족되고 나면, 그대로 끝나는 것이 아니라 초월자를 향한 더 큰 갈망이 잉태됩니다. …신부는 영원에 걸쳐 사랑하는 이의 다 이해할 수 없는 아름다움을 보게 됩니다. 닛사의 그레고리우스, *Commentary on the Song of Songs*[아가서 주석], XII: J369~370.

영혼의 참 만족은 어디서 올까? 그레고리우스에 의하면 참 만족은 하나님을 완전히 아는 것으로부터 오는 것이 아니다. 대신 그분을 구하고 찾는 일에 끊임없이 전진해 나아가는 것에서 비롯된다. 이러한 만족이 경험되면, 비록 다 알 수 없다 할지라도 초월자를 향한 갈망이 더 큰 갈망을 낳게 된다. 지금 여기에서 무한하신 하나님을 경험함으로써 충족되는 갈망은 그분을 향한 더 큰 갈망을 낳는다. 그래서 사람들은 싫증내거나 지치지 않고 영원토록 하나님을 갈망하게 된다. 결국 영혼은 하나님을 완전히 알게 되어서 성장하는 것이 아니라 그분을 더욱더 갈망해 나가는 경험을 통해서 신앙이 깊어지고 뜨거워진다.

하나님께서 기뻐하시는 사람

중세의 신비가 노리치의 줄리안Julian of Norwich, 1342-1420?에 의하면 하나님께서 기뻐하시는 사람은 자신의 재능을 가지고 훌륭한 일을 이룬 사람이라기보다는, 쉼 없이 하나님을 찾는 영혼이다. 그녀는 이렇게 말한다.

> 우리 영혼이 하는 일이란 무엇인가?
> 그저 찾고seek, 아파하고suffer, 신뢰trust하는 그 일 뿐.
> …믿음과 소망과 사랑 가운데 하나님을 찾는 일이야말로 우리 주님께서 기뻐하시는 일이며, 그러다 그분의 얼굴을 뵙게 되는 영혼은 기쁨으로 충만해

진다. 노리치의 줄리안, 『계시』*Showings*, LT, ch. 5.

줄리안은 그분을 찾는 일은 우리가 그분의 얼굴을 뵙는 일 못지않게 좋은 일이라고 말한다. 신앙이란 주님을 향한 끊임없는 목마름이다. 영적 여정이란 에펙타시스, 곧 하나님을 향한 영혼의 끊임없는 추구이다.

나는 지금 어떤 하나님을 만나고 있는가? 오랜 신앙생활의 경험이 오히려 하나님에 대한 새로움을 다 앗아가 버리지는 않았는가? 오랫동안 교회는, 열심히 나가지만 익숙해진 교회생활로 인해 매일 새롭게 다가오시는 하나님은 그저 희미한 기억으로만 알고 있지는 않은가? 아니면, 오늘도 나는 하나님에 대해 목말라 있는가? 하나님이란 존재가 만날 때마다 양파 껍질 벗겨지듯 항상 새로운 분이신가? 또 나의 기대와 이해를 넘어선 예측불허의 타자로서 경탄과 호기심을 자아내시는 분이신가? 그래서 자꾸만 보고 또 보고 싶은가?

기억하자, 신부의 참 만족은 항상 신랑을 추구하며 전진해 나아가는 데 달려 있다는 그레고리우스의 말을.

06

하나님과 '연애'하기

잔느 귀용의

『아가서 주석』

정승구　　　sori73@gmail.com

미국 프리몬트의 로고스교회 목사이며, GTU의 박사 과정에서
기독교 영성학을 공부하고 있다. '레비나스(Emmanuel Levinas)의
타자 윤리학에 기초한 해석학적 영성'을 연구하고 있다.

하나님과 '연애'하기 : 잔느 귀용의 『아가서 주석』

잔느 귀용의 『아가서 주석』은 1688년 프랑스에서 *Commentaire au Cantique des cantiques de Salomon*[솔로몬의 아가서 주석]이라는 제목으로 처음 출판되어 지금까지 다양한 언어로 번역되었다. 우리말 번역으로는 『아가서』(순전한 나드, 2006)가 있다.

아주 오래된 연인

설교와 성경공부 인도 등 바쁜 주일 사역을 다 마치고 한 성도님의 차를 얻어 타고 집으로 가는 길이었다. 홀가분하면서도 피곤하기도 해서 마음속으로는 온통 집에 가서 편히 쉬고 싶은 생각뿐이었다. 이때 차 안의 오디오에서 귀에 익은 오래된 노래가 흘러나왔다. 귀 기울여 듣지 않았는데도 유행가 가사가 귀에 익은 멜로디와 함께 갑자기 마음에 새겨졌다.

> *"저녁이 되면 의무감으로 전화를 하고*
> *관심도 없는 서로의 일과를 묻곤 하지*
> *가끔씩은 사랑한단 말로 서로에게 위로하겠지만*
> *그런 것도 예전에 가졌던 두근거림은 아니야…."*
>
> 정석원 작사·작곡, 〈아주 오래된 연인들〉

노래를 듣다 보니 문득 하나님과 나와의 관계가 그저 습관적으로 이어지는 '너무 오래된 연인'이 되어 버린 것은 아닌가 하는 생각이 들었다. 의무감으로 설교와 성경공부를 준비하고, 사랑한다고 고백하지만 어느덧 그야말로 직업인이 된 듯한 목사로서의 삶, 생동감을 잃은 그리스도인의 삶을 살고 있는 것은 아닌지….

"주말이 되면 습관적으로 약속을 하고/서로를 위해 봉사한다고 생각하지…." 노래가 이어질수록 유행가의 노랫말은 어느덧 내 신앙의 껍데기를 지적하는 회초리가 된 듯한 느낌이었다. 이런 생각을 하고 있는 사이 차는 집 앞에 도착했고, 성도님이 나를 내려 주면서 말했다. "목사님은 행복하시겠어요. 평생 하나님과 연애하는 직업을 가지셨으니 말이에요!"

이 마지막 말이 가슴에 박혔다. "하나님과 연애하는 직업!" 밤에 책상 앞에 앉았는데 낮에 들은 노랫말과 성도님의 마지막 말이 귓가에 맴돌았다. 그때 책꽂이에 꽂힌 책 하나가 눈에 띄었다. 잔느 귀용이 쓴 『아가서 주석』이었다.

가장 불경하고 위험한 책?

교회의 역사에서 아가서는 늘 논란거리였다. 가장 큰 논란의 핵심은 아가서에 등장하는 이른바 적나라한 성적인, 혹은 육체적인 용어들에 대한 불편함에 있었다. 신실한 그리스도인들에게 '입맞춤'이니 '여인의 유방'이니 하는 말들은 그야말로 죄악된 상상을 불러일으키는 사악한 용어로 여겨졌다. 그리고 '성과 여성'에 대해 가부장적이고 편협한 시각을 가지고 있었던 몇몇 초기 기독교 및 중세 사람들에게 아가서는 정경이지만, 문자적으로 가볍게 읽어서는 안 되는, 성스럽지만 동시에 위험한 책이었다.

실제로 13세기까지도 교회 안에서는 아가서를 읽지 못하게 하는 시도들이 있었다. 그러나 영적인 훈련을 받고 하나님과의 더욱더 친밀한 관계를 갈망한 영성가들에게 아가서는 하나님과의 연합을 이끄는 지침서와 같았다. 그들에게 아가서에 나오는 남녀 간의 사랑은 하나님과의 연합을 이루기 위해 반드시 거쳐야 하는, 또는 그 연합을 이루게 하는 비밀스럽고도 영적인 지침 또는 훈련이었다.

아가서에 쓰인 성적·육체적인 표현의 문제를 해결하고자

유대인들과 초기 기독교 지도자들이 발전시킨 것이 이른바 알레고리적(비유적 혹은 풍유적) 해석 방법이었고, 그것을 가장 체계적으로 정립한 사람은 오리게네스Origenes Adamantius, 185?-254였다. 그는 열 권으로 이루어진 아가서 주석과 두 권의 아가서 강해를 남겼다. 여기서 오리게네스는 성서의 모든 말씀은 문자적(역사적), 도덕적, 그리고 영적인 의미를 지니는데, 아가서는 우리를 정화purification와 조명illumination을 거쳐 연합Union of God으로 이끄는 가장 궁극적인 글이며, 문자적이거나 도덕적이 아닌 완전히 영적으로 해석되어야 할 글이라고 주장하였다. 오리게네스에 의하면 아가서를 문자적으로 해석하게 되면 독자들은 상상을 통해 음탕함과 정욕에 빠지게 될 가능성이 높다. 그래서 그에게 있어서 아가서는 오직 종교적 훈련을 오랫동안 받은 사람만이 육적인 상상이 아닌 영적인 눈을 가지고 참된 의미를 발견할 수 있는 전적으로 영적인 성서이다. 따라서 아가서는 문자적으로 말하고 있는 것처럼 신부와 신랑 사이의 육적인 사랑을 노래하는 드라마가 아니라, 말씀이신 하나님과 그의 몸 된 교회 사이의 연합을 다룬 글이다. 이러한 오리게네스의 해석은 중세 이후 17세기까지 아가서 해석의 지침이 되었다.

지극히 개인적인 그리고 육체적인 책

이러한 아가서 해석의 역사에 새로운 지평을 연 인물이 바로 잔느 귀용 Jeanne Guyon, 1647-1717이다. 귀용은 루이 14세가 통치하던 17세기 프랑스의 부유한 귀족 가문에서 태어나, 열여섯 살이 되던 해에 부모의 강요로 자신보다 스물두 살 연상인 자크 귀용과 결혼한다. 그러나 그녀의 결혼생활은 시어머니의 핍박과 남편의 질병으로 인해 행복하지 못했다. 남편의 병사病死로 끝난 12년의 결혼생활 동안 그녀는 부모와 두 명의 자녀도 모두 잃었다.

그러나 이러한 깊은 영혼의 밤은 잔느 귀용에게 오히려 하나님을 갈망하고 경험하는 영적 성숙의 통로가 되었다. 스물여덟의 젊은 나이에 남편과 사별한 귀용은 이후 재혼하지 않고 평생 주님과 동행할 것을 서원했다. 그리고 그녀는 자신의 깊은 영적 경험을 담아 『순전한 사랑』, 『친밀한 기도』를 비롯한 수많은 경건 서적들을 저술했다. 또한 창세기, 레위기, 민수기, 신명기, 사사기, 욥기, 아가서 등의 주석들을 남기며 많은 사람들에게 영향을 미쳤다. 방황하던 수많은 사람들이 그녀의 글을 통해 그리스도께로 돌아왔다.

하지만 개인이 예수 그리스도의 이름으로 하나님과 직접 교제하고 연합을 이룰 수 있다고 주장하는 그녀의 다음과 같은 글은 가톨릭교회로부터 이교도라 정죄당하기에 이르렀다.

> 하나님과의 깊은 연합이 이 땅에서는 불가능하다고 말하는 사람들이 있다. 하지만 나는 당신이 육신을 입고 사는 동안 당신의 영이 하나님의 영을 깊이 만지고 또한 연합되어질 수 있다고 확신한다. 하나님의 임재 안으로 깊이 들어갈 때에, 당신이 지금 믿음으로 만지는 모든 것을 보게 될 것이다. 잔느 귀용, 『아가서』, 순전한 나드, 13쪽.

당시 가장 영향력 있는 학자이자 종교 지도자이던 대주교 보수에Jacques Benigne Bossuet, 1627-1704를 비롯한 3인의 공의회는 그녀의 사상과 신앙을 판단하기 위해 그녀의 영적인 견해들을 잘 나타내는 작품을 제출할 것을 요구했다. 이 때 그녀가 제출한 작품이 바로 『아가서 주석』이었다. 오리게네스를 비롯한 이전의 대다수 아가서 주석가들-그들 대다수는 결혼하지 않은 신부들이었다 – 에게는 아가서에 표현된 남녀 간의 육체적 표현들 그 자체가 위험하고 불경한 것이었다. 따라서 아가서의 모든 언어는 문자적이 아닌 영적, 혹은 비유적으로만 이해되어야 하는 것이었다. 그런데 잔느 귀용에게 아가서의 사랑의 언어들은 그녀의 결혼생활을 통해 경험한 실제적인 사랑의 언어였고 동시에 하나님과의 영적 관계를 나타내는 영적인 언어였다. 그녀는 아가서의 육체적·감각적 표현들을, 이를 이해하는 자신과 독자들을 자연스럽게 하나님과의 완전한 연합으로 이끄는 통로이자 촉진제로 받아들였다. 남편과의 짧고 고통스런 결혼생활은 귀용을 하나님과의 더 깊은 영적 연합을 추구하는 갈망으로 이끌었다. 잔느 귀용은 불완전한 남녀 간의 사랑 속에서 완전한 하나님의 사랑을 본 것이다.

> 인간적인 차원에서, 하나님은 한 남자에게 결혼을 통해서 아내와 온전히 연합하고자 하는 욕구를 주신다. 하지만 남녀 간의 연합은 그들 각각의 특성 때문에 두 사람을 결코 온전히 하나로 연합하게 할 수 없다. … 그러나 당신의 영은 하나님과

온전히 연합하여 변화되어지도록 만들어졌다. 당신은 진정으로 그분의 신부가 되도록 지음을 받았다. 『아가서』, 15쪽.

그렇기 때문에 육체적 사랑은 부정하고 죄된 것이 아니라 오히려 완전하고 영원한 하나님께로 그녀를 인도한 아프지만 값진 경험이었다.

하지만 재판부의 주교들에게 『아가서 주석』은, 거룩하고 성스러운 그리스도와 교회의 관계를 인간 사이의 육체적이고 개인적인 관계로 폄하한 불경한 책이었다. 더군다나 귀용은 주교들에게 심문을 받는 자리에서도 거리낌 없이 자기 남편과 나눈 성적인 기쁨을 표현하기까지 했다. 곧, 남녀 사이의 육체적 기쁨은 그녀에게 주님과의 완전한 영적인 기쁨을 누리게 하는 비유가 아닌 생생한 경험으로서의 통로였다. 이에 재판부는 그녀의 『아가서 주석』을 사람들이 보아서는 안 되는 금서로 선포했고, 귀용은 빈센느 감옥을 거쳐 악명 높은 바스티유 감옥으로 보내졌다.

이런 맥락에서 잔느 귀용에게 '술람미 여인'은 이스라엘도 교회도 아닌 바로 자기 자신이었고, 그리스도를 사랑하는 그리스도인 개인들이었다.

> *당신은 사방으로부터 당신을 공격하는 시련과 핍박들로 인하여 검어졌다. 그러나 당신은 솔로몬의 휘장처럼 아름답다. 왜냐하면 십자가가 당신을 당신이 사랑하는 자와 같이 만들기 때문이다. 당신은 겉으로는 약하게 보일지라도 당신의 내적 동기는 순수하다.* 「아가서」, 30쪽.

술람미 여인의 검은 피부는 곧 자신을 공격하는 사방의 핍박으로 인한 것이었고, 동시에 그리스도의 십자가의 은혜였다. 수많은 박해와 지하 감옥의 고통 속에서도 귀용은 순수한 신앙을 유지했고 그녀의 글은 시간이 지날수록 점점 더 세상으로 퍼졌다. 그래서 그녀의 글은 가톨릭교인들과 수도자들뿐 아니라 모라비안교도들과 퀘이커, 감리교 등의 개신교도들에게도 큰 영향을 미쳤다.

언제나 처음 시작하는 연인처럼

잔느 귀용이 죽은 지 300여 년이 지났지만 여전히 많은 기독교인은 몸과 성과 물질을 영적인 것에 대한 반대물로, 혹은 장애물로 여기는 시각에서 자유롭지 못한 듯하다. 그래서 하나님을 깊이 경험하기 위해서는 집과 일상을 떠나 기도원 같은 거룩한 장소를 찾고, 육을 떠나 영의 세계로 들어가려 하고, 일상을 떠나 특별한 시간을 찾고, 집을 떠나 교회에서 하나님을 만나야 할 것 같은 강박관념 속에서 헤맨다. 그렇게 오랫동안 틀 안에 제한된 하나님은 인격적인 사랑의 대상이 아닌 단지 숭배의 대상, 이론적인 신학의 대상으로만 여겨질 뿐이다.

그러나 많은 영성가들, 특별히 잔느 귀용을 비롯한 여성 신비가들은 하나님을 사랑함에 있어 육체를 죄악시하지 않았다. 오히려 하나님을 사랑하는 것은 그들의 몸과 마음과 영혼을 다 포함하여 헌신하는 전인적인 갈망이었다. 그들에게 그리스도는 교회뿐 아니라 집에서나 들판, 심지어 감옥 속에서도 함께 거할 수 있는 친근한 연인이었다. 그들은 정말 '하나님과 연애하는' 사람들이었다.

지금, 우리는 어떠한가? 관계는 남아있지만 친밀함은 사라져 버린 '오래된 연인'처럼, 하나님과의 관계가 더 이상 설렘도, 열정도 없는 형식만 남아 버린 관계가 되어 버리진 않았는가? 하나님을 너무 영적으로만, 혹은 초월적인 존재로만 생각하기 때문에 여전히 육신을 입고 살아가는 나에게는 가깝지만 너무 먼 존재가 되어 버리진 않았는가? 그런 사람들에게 잔느 귀용의 『아가서 주석』은 하나님을 믿음으로 만질 수 있도록 인도하는 도전이 될 것이다.

07

'어머니' 하나님

노리치의 줄리안과

『계시』

이종태   entehodo@gmail.com

GTU의 박사 과정에서 기독교 영성학을 공부하였다.
『순전한 기독교』, 『가르침과 배움의 영성』, 『메시지 예언서』 등을
비롯한 여러 권의 책을 번역했다. 「C. S. 루이스: 탈(脫)주술화된
세계에서의 경이(wonder)의 영성」에 대한 논문을 썼다.

'어머니' 하나님 : 노리치의 줄리안과 「계시」

줄리안의 Showings(또는 Revelations of Divine Love)는 크게 단편(The Short Text)과 장편(The Long Text)의 두 가지 사본이 있다. 단편은 그녀가 계시를 받은 직후에 쓴 것이고, 장편은 그로부터 약 이삼십 년 후에 계시의 의미를 반추하며 확대하여 쓴 것으로 추정된다. 우리말 번역으로는 「하나님 사랑의 계시」(은성, 2007)가 있고, 「계시」(KIATS)도 곧 출간될 예정이다.

아픔

아픈 몸 일으켜 혼자 찬밥을 먹는다

찬밥 속에 서릿발이 목을 쑤신다

부엌에는 각종 전기 제품이 있어

1분만 단추를 눌러도 따끈한 밥이 되는 세상

찬밥을 먹기도 쉽지 않지만

오늘 혼자 찬밥을 먹는다

가족에겐 따스한 밥 지어 먹이고

찬밥을 먹던 사람

이 빠진 그릇에 찬밥 훑어

누가 남긴 무우 조각에 생선 가시를 핥고

몸에서는 제일 따스한 사랑을 뿜던 그녀

깊은 밤에도

혼자 달그락거리던 그 손이 그리워

나 오늘 아픈 몸 일으켜 찬밥을 먹는다

집집마다 신을 보낼 수 없어

신 대신 보냈다는 설도 있지만

홀로 먹는 찬밥 속에서 그녀를 만난다

나 오늘

세상의 찬밥이 되어

시인 문정희 님의 시 「찬밥」 전문이다. 어느 날 시인은 아픈 몸을 일으켜 혼자 찬밥을 먹는다. 전자레인지에 넣고 1분만 돌려도 따뜻한 밥을 먹을 수 있는데, 왜 그랬을까? 누군가가 생각나서다. "가족에겐 따스한 밥 지어 먹이고 [자신은] 찬밥을 먹던" 사람, "누가 남긴 무우 조각에 생선 가시를 핥고 몸에서는 제일 따스한 사랑을 뿜던 그녀" 생각이 났던 것이다. "깊은 밤에도 혼자 달그락거리던 그 손이 그리워" 그런 것이다. '어머니'가 그리운 것이다. 어머니 품이 그리운 것이다. 지금 시인은 몸이 아프다. 그러니 더 생각난다. 아프면 생각나는 사람, 엄마.

1975년 한 약리학자가 인간의 몸 안에서 모르핀보다 몇백 배 높은 진통 효과를 내는 물질을 발견했다. 바로 '엔돌핀'이다. 알려진 것과는 달리, 엔돌핀은 '웃을 때 나오는' 호르몬이 아니라 실은 '웃을 수 있게 해주는' 호르몬이다. 사람이 극심한 정신적·육체적 고통에 처할 때 이를 견딜 수 있도록 몸이 스스로 만들어 내는 최고의 진통제가 바로 엔돌핀이다.

그런데 우리 몸에서 이 엔돌핀 분비량이 최고치에 이르는 순간이 두 번 있다. 한 번은 죽는 순간이다. 우리 몸은 죽음의 순간에 최대치의 엔돌핀을 분비한다고 한다. 단말마斷末魔의 고통을 감해 주시려는 조물주의 은총이다. 엔돌핀이 최고로 많이 분비되어 최고의 진통 효과를 내는 또 다른 순간은 바로 출산의 때다. 출산이 임박할수록 어머니의 몸에서는 엔돌핀 분비량이 점점 늘어나다가, 출산의 순간 그 양이 최대치에 이른다고 한다. 이는 출산이 죽음에 버금가는 힘겨운 시간임을 뜻하는 것이다. 정말이지 어머니는 자기 목숨을 내어놓고 자녀를 낳는 것이다. 자기 생명을 내어놓고 새 생명을 낳는 것이다. 죽음의 순간과 다를 바 없는 아픔을 감수하고서 그녀는 '어머니'가 되는 것이다.

계시

하나님을 '어머니'라고 불렀던 이가 있었다. 노리치의 줄리안 Julian of Norwich, 1342-1420. 남자 이름이지만 여성이었고, 잉글랜드 노퍽Norfolk 주 노리치에 있는 한 교회 부속 건물에서 오랜 세월 은수자隱修者로 살다 죽었다는 것 외에 개인사는 알려진 바가 없다. 두 평 남짓한 암자cell에 자신을 꼭꼭 숨긴 채 줄리안은 오로지 기도와 생각에만 전념하며 생애를 보냈다. '알리고 싶은' 것이 있었기 때문이다. 하나님께서 그녀에게 알려 주신 것, 그래서 세상에 꼭 알려야 할 것이 있었기 때문이다.

서른 살이었던 해 1373년 5월 8일(혹은 13일), 중병에 걸려 사경을 헤매던 줄리안에게 특별한 일이 찾아든다. 붉은 피가 철철 흐르는, 가시면류관 쓰신 예수의 모습을 필두로 열여섯 가지 영적 비전[幻視]이 병상에 누워 있던 그녀 앞에 펼쳐졌고, 그녀는 그 광경 속에 빨려들어갔다. 이 일이 있은 후 줄리안은 아팠던 몸이 씻은 듯이 낫게 되고, 그녀는 자신이 보게 된 바의 의미를 궁구하는 일에 남은 생애를 바치게 된다.

기도와 생각이 그 일의 도구였고, 두 평 남짓한 암자가 그 작업실이었다. 그런데, '기도'는 몰라도, 중세 여성에게 과연 '생각'[思惟]이 있을 수 있었을까. 배우지 못한 '아녀자의 좁은 소견' 이상의 생각이? 의구심을 품을 이들을 위해 학식과 덕망 높은, 우리 시대 두 (영성) 신학자의 말을 빌려 답하면 이렇다.

> "나이 들어갈수록 나는 줄리안이 점점 더 우러러 보인다. …나는 노리치의 줄리안을 뉴만John Henry Newman과 더불어 영국이 낳은 최고의 신학자라고 생각한다." 토머스 머튼
>
> "[줄리안의 저서는] 가히 영어로 쓰인 기독교 저술 가운데 가장 중요한 책이라 하겠다."
> 전(前) 캔터베리 대주교 로완 윌리엄스

영문학사에 여성이 쓴 최초의 영어 저술로 기록된, 줄리안의 『계시』Showings는 소심한 신학 독자들의 간담을 서늘케 할 만한 문구들을 담고 있다. 가장 많이 회자되는 것은 다음 구절이다.

> "다 잘 되리라. 다 잘 되리라.
> 결국 모든 게 다 잘 되리라.

All shall be well, and all shall be well,
and all manner of things shall be well. "LT 27.

   시인 T. S. 엘리엇을 전율시킨 바 있는(「리틀 기딩」Little Gidding) 이 문구는 줄리안이 '계시' 중에 들은 하나님의 음성이다. 우리가 알던 하나님과 좀 다른가? 줄리안이 병상에서 만난 하나님은 그녀가 그간 교회 사제들에게서 들어 알고 있던 하나님보다 훨씬 '큰' 분이셨다.

> *이 계시에서 주님께서 내게 어떤 자그마한 것을 하나 보여 주셨는데, 보니, 개암hazelnut크기만 하고 동그란 무언가가 내 손바닥 위에 놓여 있었다. 내가 유심히 보며 물었다. '이게 대체 뭘까?' 대답이 들려왔다.* "창조된 만물 전체이니라It is all that is made." LT 5.

   '개암 크기만 하다.'는 말은 중세 유럽에서 주부들의 요리 용어 '버터를 개암 크기만 하게 썰어 넣고…' 였다고 하니, 우리

식으로 말해 보면 '콩알만 하다.' 정도가 될 것이다.

그렇다. 이 세상 전체가, 이 어마어마한 우주 전체가 '콩알만 했다.'는 것이다.

'크신' 하나님 앞에서는.

그 하나님의 현존에 사로잡힌 줄리안에게는.

어머니 예수

'계시'는 진전되어 그 정점에서 줄리안은 깨닫는다. 하나님은 '어머니'이시다!

> *"진실로 [우리] 아버지이신 하나님은 또한 진실로 [우리] 어머니이시기도 하다."* LT 59.

하나님을 어머니에 빗댄 사람이 줄리안이 처음은 아니다. 초기 교회로부터 이미 기라성 같은 신학자/영성가들이 하나님의 모성을 말해 왔다. 하지만 줄리안의 말은 하나님은 '말하자면' 어머니 같으시다 like a mother 는 것이 아니었다. 하나님은 '말 그대로' 어머니이시다 is Mother 는 것이었다.

다시 말해, 줄리안에게 '어머니 하나님'은 '신학'이었고, 참 기독교 신학이 그렇듯 기독론에 근거를 두고 있으며 삼위일체론 문법을 따른다. 즉 하나님이 우리 어머니이신 것은 예수께서 우리 어머니이시기 때문이다. "하나님이 왜 사람이 되셨나?" Cur Deus Homo?라는 질문에 여성 신학자 줄리안은 이런 답을 내놓는다. 하나님께서는 "만사에 [우리] 어머니의 일을 하시려고" 성육신하셨다. LT 60.

예수께서 우리 어머니이신 것은 예수께서 우리를 '낳아 주셨기' 때문이다. 줄리안은 말한다. 예수께서는 자신 속에 우리를 품고 계시다가 "전무후무한 극심한 진통과 산고birth pains를 겪으셨고, 죽기까지 하셨다." LT 60. 즉 그리스도의 십자가 수난 Passion은 우리를 낳으시려고 성자 하나님께서 기꺼이 감수하신 산통産痛이었다. 그 고통은 단말마斷末魔의 고통, 말 그대로 목숨이 끊어지는 고통이었다. 그리고 그 고통 끝에 예수께서는 숨을 거두셨다. 그렇게 죽음으로, 자기 생명을 내어놓음으로 우리를 낳으셨다. 교회를 낳으셨다.

그 출산의 현장에 "피와 물" 요 19:33이 쏟아졌다. 여성의 눈으로 성서를 읽는 이들은 예수께서 십자가 위에서 물과 피를 쏟으셨다는 요한복음서의 보도에서, 그렇게 물과 피를 쏟으며 새 생명을 출산하신 '어머니 예수'를 보곤 한다. 줄리안의 '계시' 역시 그 시작점은 머리에 가시면류관을 쓰고 붉은 피를 철철 흘리시는 예수의 모습이었다.

그건, '사랑'

그 피 흘리시는 예수 모습과 더불어 계시된 것이 바로 온 창조 세계가 그저 콩알 크기만 했다는 '개암 비전'이다. 줄리안은 너무 작고 미약해 "당장이라도 부서져 버릴 것만 같은"sink into nothingness 그것이 계속 존재를 유지하고 있는 모습에 놀라움을 느꼈다. 존재의 경이와 더불어 깨달음이 임했다.

> *그것이 지금껏 존속했고 앞으로도 그럴 것은, 하나님이 사랑하시기 때문이다. 만물이 존속하는 것은 하나님의 사랑 때문이다.* LT 5.

그렇다. '사랑'이다. 하나님이 '크신' 분인 것은, '사랑'이 크신 분이기 때문이다. 그 사랑이 어찌 큰지 그 사랑 앞에서 우주는 고작 콩알만 하다. 우주를 무한하다 여기기 쉬우나, 터무니없는 상상이다. 우주는 무한하지 않다. 무한한 것은 오직 하나님의 사랑이다. 하나님의 사랑만이 무한하다. 그리고 그 무한한 사랑이 "당장이라도 부서져 버릴 것만 같은" 이 세상을, 만물을, 만인을 지금 이 순간도 떠받쳐 주고 있다.

그렇다. 온 세상을 떠받쳐 주고 있는 그 손, 그 손은 바로 '어머니'의 손이다. 자기 몸을 깨뜨려 우리를 낳아 주신 '어머니'의 손, "깊은 밤에도 혼자 달그락거리"며 '살림'하시는 손, 자기 전부를 내어 주어 온 가족/세상(오이쿠메네)을 살리시는 '어머니 하나님'의 손이다. 몸져누운 미약한 자식의 이마 위를 한시도 떠나지 못하는 손, 지금 이 순간도 "우리를 위하여 간구"해 주시는롬 8:34 손이다.

『계시』는 이 모든 하나님의 '계시'가 결국 무엇을 뜻하는지를 궁구했던 줄리안이 마침내 답을 찾는 것으로 마친다. 그 답이 무엇이겠는가? 그건, 자주 아파 쓰러지는 연약한 당신을 언제나 다시 일으켜 살아가게 해주는 것, 바로 "사랑이다."LT 86.

08

로그인
클라우드

로렌스 수사와

하나님의 임재

박세훈　　joyparksh@gmail.com

샌프란시스코 제일장로교회 청년부 담당 목사이며, GTU의 박사
과정에서 기독교 영성학을 공부하고 있다. 영적 경험에 대한
심리학적 접근과 해석에 관심을 갖고 있다.

로그인 클라우드 : 로렌스 수사와 하나님의 임재

로렌스 형제의 대화와 가르침, 그리고 편지글 등을 모은 이 책은 그를 인터뷰한 수도원장 보포르의 조제프(Joseph de Beaufort)에 의해 그가 죽은 뒤인 1692년 프랑스에서 *Maximes spirituelles*[영적 격언들]이라는 제목으로 처음 출간되었다. 이후 다양한 언어로 번역되어 『하나님의 임재 연습』이라는 제목으로 널리 읽혀졌다. 우리말로도 여러 차례 번역되었는데 『하나님의 임재 연습』(브니엘, 2012)이 가장 최근에 출간된 것이며, 그 외에 『하나님의 임재 연습』(두란노, 1996) 등이 있다.

처음 컴퓨터를 만지기 시작했을 때, 함께 접했던 또 하나의 신기한 물건은 플로피 디스크였다. 그것이 저장 장치라는 사실과 모든 작업의 끝에는 저장이 필수라는 것도 동시에 배우기 시작했다. 그러나 이제는 플로피 디스크 저장 용량의 1000배가 넘는 저장 장치를 열쇠고리처럼 가지고 다니는 시대가 되었다. 나아가 최근에는 그마저도 필요치 않는 '클라우드'Cloud 서비스가 대중화되었다. 어디서나 자신이 작업을 하는 순간 그 내용이 온라인을 통해 자동으로 업데이트된다. 마치 구름이 주변을 떠돌아다니면서 작업한 모든 정보를 수시로 보관해 주고 또 업데이트 해주는 것과 같다. 덕분에 저장 장치 분실에 대한 두려움이나 보관의 필요성도 상당히 미미해졌다.

지금도 우리 주위에는 개인이 감당해 낼 수 있는 것보다 훨씬 더 많은 정보의 구름이 떠다니고 있다. 주파수를 타고 떠다니는 정보는 어쩌면 공기만큼이나 우리 주위를 가득 채우고 있는지도 모른다.

이렇게 정보의 구름은 우리 존재를 매일 감싸고 있으며, 우리가 깨닫지 못하는 사이에도 가상공간cyberspace에 접속되어 있는 상태로 살아가게 만든다. 온라인 접속이 끊겼을 때에야 우리는 접속된 상태로 살아가고 있었음을 인식하게 될 정도로 말이다. 과거, 채팅이 처음 시작되던 시기에 〈접속〉이라는 영화가 있었지만, 이젠 접속이라는 말을 영화 제목으로 쓰기엔 참신성이 떨어질 만큼 접속이 일상화된 상태로 우리는 살아간다.

그러면 하나님과의 접속이나 의사소통, 다시 말해서 영적 소통은 어떻게 이뤄지는 것일까? 기독교 역사에서 보면, 사람이 하나님을 찾아가는 영적 여정의 모델들은 대부분 목표 지향적이다. 한 예로 요한 클리마쿠스John Climacus, 579-649의 『거룩한 등정의 사다리』는 '하나님과의 연합'이라는 어떤 꼭대기 지점을 향하는 성취 지향적인 모델이다. 하나님께 이르기 위해 수많은 유혹의 관문을 거쳐야 하고 자기를 부인하는 깊은 노고를 동반하는 영적 씨름의 과정이다. 거기에는 수많은 사탄의 계략들이 숨어 있고 성숙한 신앙인일지라도 마지막 계단에서 굴러 떨어지는 위험천만한 도전이다.

그러나 이와 다른 영적 모델도 존재해 왔다. 아가서에서 그려지는 것처럼, 긴밀한 사랑의 관계 안에서 하나님을 임으로 만나는 것이다. 이러한 이해는 아빌라의 테레사 Teresa of Ávila, 1515-1582의 『영혼의 성』 Interior Castle에서 찾을 수 있다.

스페인의 여성 신비가인 테레사는 인간의 영혼을 여러 방을 가진 궁전으로 비유하고, 그 궁전의 중심에 하나님께서 이미 온전히 임재해 계시다고 알려 준다. 영혼이 인식하지 못할지라도 하나님께서는 분리할 수 없는 깊은 사랑의 연합을 이루며 우리와 함께하신다는 것이다.

로렌스 수사와 리처드 기어

테레사의 책이 번역 소개되던 프랑스에서 로렌스 형제 Brother Lawrence, 1614-1691는 새로운 영적 접속의 포인트를 발견한다. 그것은 일상 日常이라는 자리이다. 그는 매일매일 행하는 평범한 일들과 허드렛일이 바로 하나님과의 접속 포인트라고 가르쳐 준다.

로렌스 형제는 파리에서 갈멜 수도원의 평신도 수사로 서원하는데, 그곳에서 니꼴라 에르망이라는 본명 대신에 로렌스라는 새 이름을 얻는다. 그가 담당했던 일은 요리와 설거지 외에도 다양한 허드렛일이었다. 그러나 그는 이러한 소소한 일들을 통해 도리어 더 깊이 하나님의 임재 가운데로 들어갔다. 일거리들은 하나님 임재 경험의 장애물이 아니라, 천상의 하나님을 더 친밀하게 누리는 비밀을 알려 주는 도구였던 것이다.

로렌스 형제는 하나님과 대화하기 위한 가장 효과적인 방법은 단순히 자신에게 맡겨진 일상의 과업을 수행하는 것이라고 고백한다. 로렌스 형제는 "특별한 기도 훈련에 참여할 때보다도 하루하루의 일상사들을 통해서 하나님과 더욱 가까워져 가는 것을 느낀다."고 했다("세 번째 대화"). 더불어 그는 다음과 같이 가르쳐 준다.

> "밥을 먹을 때나 이야기를 나눌 때에도 심령을 그분께 올려 드리십시오. 아주 작고 사소해 보이는 순간에 그분을 기억하는 것이 그분을 기쁘게 해 드리기 때문입니다. 꼭 큰 소리로 기도해야 하는 것은 아닙니다. 그분은 우리가 생각하는 것보다

훨씬 더 가까이에 계신 분입니다." 로렌스 형제, 「하나님의 임재 연습」*The Practice of the Presence of God* "아홉 번째 편지", ICS Publications(1994), 69.

일상을 통해 하나님을 오히려 더 깊이 만날 수 있다는 말은 우리가 쉽게 공감하기란 어려워 보인다. 세상의 모든 것을 버리고 일상을 떠나 일말의 인간적인 욕망도 부정하면서 악한 영들과 전쟁을 치르는 것이, 하나님과 더불어 사는 삶으로 외려 더 적합해 보인다. 하나님을 만나는 최적의 장소는 세상과 분리된 특별히 '거룩한' 곳이어야 한다고 생각하기 쉽다. 그렇게 이 땅의 모든 소유를 팔아 하늘의 보화가 든 땅을 살 때에야 하나님의 영광의 옷을 입게 되리라고 생각하는 게 도리어 더 타당해 보인다.

이런 생각은 타 종교에서도 유사한 양상을 띤다. 2007년 11월, 유명한 영화배우 리처드 기어 Richard Gere와 하버드대 출신의 현각 스님이 뉴욕에서 담화를 나눈 적이 있다. 다양한 질문과 답변이 오가는 가운데 현각 스님은 리처드 기어에게, 특별히 시간을 내어서 기도 수행을 하는지 질문했다. 리처드 기어는 세상 속에서 사는 일상이 곧 수행이고, 그런 수행이 무한한 성장을 가능하게 한다고 답했다. 이에 현각 스님도 '도'_道가 일상의 마음이라고 동의는 하였지만, 리처드 기어의 말이 용맹정진_{勇猛精進}을 강조하는 선불교의 전통과는 상당히 다르다는 사실도 확인해 주었다.

이처럼 자신을 피곤하게 하는 일상의 일들과 수많은 불편한 관계 안에서 오히려 더 깊은 수행을 할 수 있다는 것은 기존의 종교적 상식과 가르침에 상당히 역행하는 것처럼 느껴진다.

기독교인들 사이에서도 하나님과의 만남을 위해서는 상당한 자기 수련의 과정이 필요하다는 생각이 은연중에 깊이 자리 잡고 있다. 많은 교회 지도자들도 하나님을 만나기 위해서는 자신의 모든 더러운 죄성의 뿌리를 뽑아내야 하고, 뜨거운 철야 기도가 필요하다고 강조한다. 신앙의 선배들이 보여 준 열정과 깊은 헌신은 한국 기독교의 소중한 전통임에는 틀림없다. 그러나 한편으로는, 우리 일상에 임하기를 기뻐하시는 하나님을 놓쳐 버리는 우를 범하기 쉽다. 자신의 삶의 자리를 미미하고 죄성으로 얼룩진 비천한 것으로 생각하면서 하나님을 초대하기를 주저하게 되는 것이다.

일상, 성육신의 자리

오늘날 우리는 트리나 폴루스Trina Paulus가 그의 명저 『꽃들에게 희망을』Hope for the Flowers에서 그리고 있는 것처럼, 의미 없는 꼭대기에 도달하기 위해 다른 이들과 경쟁하며 목숨을 걸고 올라가는 사회를 살고 있다. 진급과 성공을 위해 '스펙'으로 무장하길 강요받으며, 우리는 '대체'될 때까지 무한 경쟁에 던져진 존재로 살아가기 쉽다. 이와 같은 성취 지향적 그리고 상승 지향적인 세상의 흐름 가운데 살면서 신앙생활에서도 '상승 강박'에서 자유롭지 못한 한국 기독교인들이 많다.

천상의 하나님을 소유하기 위한 종교적 노력을 강조하는 교회 안에서 많은 영혼들은 여전히 성취 지향적 삶에 묶이게 된다. 적어도 지금보다는 더 나아진 모습이 되어야지만 하늘의 하나님을 향하거나 만날 수 있다고 기대한다. 하나님을 향한 소중한 지향이야 아름답지만, 낮은 내 삶의 자리까지 찾아오셔서 문 두드리시는 예수님도 함께 부정하는 것은 아닌지 생각해 볼 필요가 있다.

사실 우리가 예수 그리스도를 처음 영접했던 것은, 이런 나의 삶의 자리에 찾아오신 그분의 방문과 사랑 때문이었지 않은가? 그런데 우리는 주님의 방문 이후에 세워진 하나님과 나 사이의 다리를 건너는 수고가 이제 우리 자신에게 달린 일이라고 믿으며 살아갈 때가 많다.

그러나 로렌스 형제는 쉽고도 단순하게 하나님과 접속된 삶을 살 수 있는 길을 제시하였다. 그것은 하나님께서 늘 마음 가장 깊은 곳에 계신다는 것을 인식하며 '일상' 가운데 주님과 끊임없이 이야기를 나누는 것이다.

> 우리는 그저 하나님께서 우리 안에 아주 친밀한 분으로 와 계시다는 사실을 인식하기만 하면 됩니다. "네 번째 대화", 97.
>
> 영적 삶에 있어서 가장 거룩하고도 일상적인 그러나 꼭 필요한 연습은 하나님의 임재 연습입니다. 그것은 우리가 하나님과 동행하는 가운데 기쁨을 얻고, 그 임재에 익숙해지는 것입니다. 모든 순간에 어떤 방법으로든 그분과 겸손하면서도 정답게 이야기 나누면서 말입니다. 로렌스 형제, 「하나님의 임재 연습」, "두 번째 격언", ICS Publications(1994), 36.

로렌스 형제의 이해대로, 하늘의 하나님은 우리가 살아가는 이 땅으로 성육신하시는 분이시다. 우리가 '거룩한 사다리'를 오르고 하늘까지 등정하여 그분에게 닿기를 기대할 때에도, 사실 그분은 오히려 우리의 낮은 일상 안으로 들어오시기를 주저하지 않으신다. 또한 세상에서 가장 더럽고 무섭기도 한 인간의 마음을 거할 처소로 삼으시고 아름답게 하시기를 소망하신다. 부모가 아이의 기저귀를 갈아 주고 토한 것을 닦아 내며 그 이후로도 수많은 사건과 사고를 감당해 내면서 그 아이의 부모로 존재하듯, 하나님은 우리의 죄과와 일상의 수많은 어두운 자국을 지우시고 어버이가 되어 주신다. 그럼으로써 천상의 영적 진리가 우리 삶 가운데 경험되어 우리의 마음과 입술의 고백으로 자리 잡게 하신다.

클라우드, 그 신비한 구름 속으로

모세는 자신의 생애를 통해 더 깊은 하나님의 임재로 나아갔다. 불붙은 가시덤불에서 하나님을 만났던 모세는, 이후에 시내산의 빽빽한 구름 속으로 나아가 더 놀라운 하나님을 경험하였다. 하나님의 영광의 구름은 그분의 끊임없는 임재를 상징해 왔다.

그러나 성육신으로 우리의 일상과 마음의 중심으로 오신 예수님은 그 임재의 구름을 우리 삶 가까이 가져와 주신다. 마치 구름이 우리가 밟는 땅으로 내려올 때, 그 땅을 덮고 적셔 주는 안개가 되는 것처럼 말이다. 로렌스 형제는, 하나님의 임재가 우리가 생각하는 것보다 훨씬 더 가까이에 있다고 확신한다. 너무나 가까이 계셔서 우리의 마음 안에 항상 거하시는 것이다. 마치 우리를 덮고 있는 공기가 우리의 호흡을 통해 호흡기와 폐로, 그리고 혈액에 녹아 우리 몸 구석구석을 순환하는 것만큼이나 하나님은 우리와 가까이 계신다. 과학기술로 만들어 낸 클라우드 서비스보다 더 가깝게 자신의 현존을 내어 주신다.

지금은 하나님을 향한 성취 지향적인 '상승 강박'에서 벗어나, 허드렛일들로 채워진 우리의 낮은 일상에 내려오시는 주님을 환영할 때이다. 그러할 때에야 우리는 이 사회의 낮은 곳, 천한 사람들의 삶 속으로 성육신하신 그리스도를 본받는 삶을 살아갈 수 있다. 이것이 연어처럼 세상의 물줄기를 거슬러 올라가는 진정한 기독교인이 상승/성취 지향적인 사회에서 추구해야 할 삶이다. 우리를 에워싼 공기보다 더욱 가까이에서 주님은 말씀하신다.

"볼지어다 내가 문 밖에 서서 두드리노니 누구든지 내 음성을 듣고 문을 열면 내가 그에게로 들어가 그와 더불어 먹고 그는 나와 더불어 먹으리라"

계 3:20.

Back to the Classics

훈련과 형성

02

Wesley, 영적 독서를 위한 조언 _ 김기영
Jonathan Edwards, 회심은 '경험우리'를 깨뜨린다 _ 권철우
Meister Eckhart, 굿 딜(Good Deal)? _ 권혁일
Francis of Assisi, 가난한 부인과 '가난 부인' _ 이강학
The Sayings of the Desert Fathers, 사막의 꽃 _ 임택동
Dietrich Bonhoeffer, 고요한 욕망 _ 이경희
George Fox, 타락한 교회 밖에서 길을 찾다 _ 정승구
Benedict of Nursia, 영성 생활은 리듬이다 _ 이강학

09

존 웨슬리의 '영적 독서를 위한 조언'

남기정 kjnam27@gmail.com

사우스 샌프란시스코에 위치한 새열매연합감리교회 목사이며, GTU의 박사 과정에서 기독교 영성학을 공부하고 있다. 현재는 '존 웨슬리와 초대 교부 마카리우스의 영적 감각론 비교 연구'라는 주제로 논문을 쓰고 있다.

존 웨슬리의 '영적 독서를 위한 조언'

이 장에 언급된 웨슬리의 "조언"은 그가 1735년에 토마스 아 켐피스의 『그리스도를 본받아』*Imitatio Christi*를 편집·출판하면서 쓴 서문의 일부이다. 그는 영성 고전들을 읽을 때 이 "조언"을 활용하도록 당부하였다. 이 글의 영어판 원문은 프랭크 월링(Frank Whaling)이 편집한 *John and Charles Wesley*: Seleced Writings and Hymns(Paulist Press, 1981)에 실려 있다.

책 한 권만 읽는 사람?

존 웨슬리 John Wesley, 1703-1791는 "한 책의 사람" homo Unius libri 이라는 별명으로 불렸다. 그만큼 그는 성경공부에 열중하였고, 신앙생활에서 성서의 역할을 중시한 사람이었다. 그런데 이런 그의 '명성'에 어울리지 않는 의외의 조사 결과가 최근에 나왔다. 18세기 영국에서 가장 많은 저작을 출판한 사람이 바로 존 웨슬리였다는 것이다. 이는 웨슬리가 수많은 영성 고전들을 편집, 출판, 보급하는 일에 노력을 기울인 편집인이었기 때문이다. 부흥운동을 이끄는 한편으로 그는 왜 이렇게 영성 고전들을 출판, 보급하는 일에 힘썼던 것일까? 만년에 한 설교자에게 보낸 편지에서 그는 이렇게 썼다.

신자들이 꾸준히 영적 독서를 하지 않는다면, 그

들이 은혜 안에서 자라는 것은 불가능합니다. 독서하는 사람만이 [하나님의 은혜를] 아는 사람이 될 수 있습니다. 1790년 11월 8일 편지.

이렇게 웨슬리는 영적 독서가 신자들의 영적 성장에 얼마나 중요한지 잘 알고 있었기에, 감리교인들은 무엇보다도 "하나님과 그분의 사랑을 알려 주는 책들"을 꾸준히 읽는 사람들이 되어야 한다고 강조했다. General Rules of 1743.

웨슬리는 영적 독서를 장려하기 위해서 많은 영성 고전들을 출판했을 뿐 아니라 독자들이 그것들을 어떻게 읽어야 하는지도 소상히 밝혀 두었다. 그는 1735년, 토마스 아 켐피스Thomas Á Kempis의 『그리스도를 본받아』*Imitatio Christi*를 새로 번역하고 축약하여 『그리스도인의 모범』*The Christian's Pattern*이라는 제목으로 출간하면서, 서문에 '영적 독서를 위한 조언'을 담아 두었다.[03] 다섯 항목으로 된 이 조언은 오늘날 우리가 영성 고전들을 어떻게 대하고 읽어야 하는지에 대한 좋은 지침이 되어 준다.

---

03 "Advice on Spiritual Reading", *John and Charles Wesley: Selected Writings and Hymns*, Frank Whaling ed.(Mahwah, NJ: Paulist, 1981), 88–89.

웨슬리의 당부를 함께 살펴보자.

1. 시작 : 습관 형성하기

첫째, 매일 정해진 시간에 영적 독서를 하겠다고 스스로에게, 그리고 주위 사람들에게 선언하고, 이것을 지키십시오.

웨슬리는 신앙생활에서 습관의 중요성을 잘 알고 있었다. 그래서 그는 신자들이 삶에서 거룩한 질서와 규칙을 잘 정해 두고, 이를 잘 실천할 것을 강조하였다. 그래서 그가 얻게 된 별명이 '규칙주의자' Methodist이다! 습관의 중요성은 사실 웨슬리만이 아니라 수많은 영적 스승들이 강조하는 것이다. 한 예로, 히포의 아우구스티누스 Augustinus of HIppo, 354-430도 "습관의 폭력"에 대해 말한 적이 있다. 그에 의하면 하나님이 아닌 다른 것을 향하도록 구부러진 우리의 욕망(충동), 감정, 그리고 기억들이 그릇된 관습과 습관을 만들어 냈고, 이것들은 단단한 껍질처럼 우리를 둘러싼다. 그런데 이 습관의 완고한 저항이 우리가

하나님의 은혜를 감지하고 그것을 누리며 사는 삶의 기쁨을 가로막는 가장 큰 장벽이라는 것이다.[04]

매일 시간을 정해 놓고 성서와 영성 고전을 규칙적으로 읽어나가는 일은 그릇된 "습관의 폭력"에서 벗어나고, 새로이 거룩한 습관을 입는 길이다. 곧, 규칙적인 영적 독서는 하나님과 그분의 세계에서 기쁨을 발견하는 사람이 되기 위한 가장 중요한 훈련이라고 할 수 있다. 이제 이런 독서를 위해 필요한 준비가 무엇인지 알아보자.

2. 준비 : 순수한 의도, 간절한 기도

> 둘째, 순수한 의도로, 오직 영혼의 양식을 얻고자 하는 다짐으로 독서에 임하는 마음의 준비를 하십시오. 그리고 하나님께서 눈을 열어 주셔서, 독서하는 동안 그분이 원하시는 바를 깨닫게 해주시고, 나아가 그 소원을 내가 이루어 드리겠다고

---

04 Matthew R. Lootens, "Augustine", in The Spiritual Senses: Perceiving God in Western Christianity, ed. P. L. Gavrilyuk and Sarah Coakley (Cambridge, UK: Cambridge, 2012), 67.

결단하도록 도우시고, 그것을 다 이루어 내기까지 나를 이끌어 주시기를 비는 간절한 기도로 독서를 시작하십시오.

웨슬리는 영적 독서를 위한 준비에서 가장 중요한 것은 "순수한 의도"the purity of intention라고 말한다. 이는 어떤 일을 실천할 때 그 동기와 의도와 열망이, 자기 이익이나 자기 사랑에서가 아니라 하나님만을 향한 순전한 사랑에서 비롯되어야 함을 가리키는 말이다. 그리고 이 "의도의 순수성"은 영적 성장에 가장 중요한 요소이다. 기독교의 기도와 모든 신앙 실천들에서 가장 중요한 것은, 바로 '나의 열망'을 '하나님의 소원'에 일치시키셨던 예수님의 실천을 본받는 것이다마 25:40.

그러므로 영적 실천으로서의 책읽기도 반드시 나의 일부만이 아니라 나의 전부를 하나님께 드린다는 "순수한 의도"로 시작해야 한다. 여기에 그분의 뜻과 소원을 알기 위해서 하나님의 도우심을 바라는 간절한 기도가 더해져야 한다. 그러면 이제 영적 독서를 어떻게 진행해 나가야 하는지 살펴보자.

3. 진행 : 기억과 반복

> 셋째, …반드시 여유 있게, 신중히, 세심한 주의를 기울여 읽어야 합니다. 읽는 중간중간 잠시 멈추어 하나님의 은혜가 그대에게 비추는 깨달음의 빛을 받아들이십시오. 이를 위해, 때때로 읽은 것을 되돌아보고, 어떻게 하면 그것을 실천으로 옮길 수 있을지를 숙고하십시오. 그대의 읽기가 지속적이고 반복적인 것이 되도록 하십시오. …그대에게 큰 깨달음을 주는 문장들, 특히 그대의 영적 성향에 적합하고, 그대의 실천에 요긴한 구절들은 반복해서 여러 번 읽는 것이 유익합니다.

여기서 "읽은 것을 되돌아보고"recollect라는 말에는 중요한 영적 수련의 원리가 들어 있다. 신앙생활에서 기억 recollect은 매우 중요하다. 홀로코스트 기념비에는 이런 구절이 새겨져 있다. "기억한다는 것은 구원의 시작이다." 우리의 구원은 내 삶이 하나님의 구원사史와 만나서 그 역사의 일부로 엮여 가는 것이다.

그러므로 우리의 구원은 하나님과 그분의 구원 이야기를 끊임없이 기억하면서 내 삶을 살아가는 데서 시작된다.

"반복해서 여러 번 읽는 것"에도 영적 원리가 들어 있다. 초대로부터 비롯된 영적 독서 실천 방법art인, 렉시오 디비나Lectio Divina는 성서나 경건 서적의 구절들을 읽고lectio, 그것으로 기도하고oratio, 그것을 숙고하고meditatio, 관상하는contemplatio 네 단계를 반복하면서 매일의 삶을 살아가는 기도 실천이다.

여기서 관상觀想은 기도자가 말씀 속으로 들어가 그 속에 머물러 있는 것을 의미하는데, 읽은 말씀 중 가장 마음에 와 닿는 구절 하나를 끊임없이 반복하는 일은 이러한 관상에 이르는 중요한 실천으로 여겨져 왔다.

웨슬리도 같은 점을 강조한다. 하루치 분량의 영적 독서를 진행하는 동안 나에게 가장 깊은 인상을 남긴 구절을 하나 선택하여 그것을 호흡에 맞추어 꾸준히 반복하면, 영적 독서 동안 받은 은혜와 하나님의 임재 속에 지속적으로 거하면서 하루를 살 수 있다.

4. 지속 : 열정을 구하라

> 넷째로, 그대가 읽은 것에 상응하는 감흥을 일깨우도록 하십시오. 그저 지식만 더할 뿐 감동도 열정도 없는 독서는 무익합니다. 읽으면서 행간에 하나님을 향한 간절한 열망을 더하십시오. 그분의 빛(지혜)뿐 아니라 그분의 열정을 구하십시오.

여기에는 또 하나의 중요한 영적 원리가 담겨 있다. 그것은 우리 삶의 변화에 관한 것이다. 우리의 읽기가 지식만을 얻기 위한 독서 reading for information를 넘어 삶의 변화를 일으키는 독서 reading for transformation가 되게 하는 것이 영적 독서의 핵심이다. 이런 독서를 하기 위해서는 우리의 이성·감정·의지까지, 온 마음을 다하여 읽는 것이 필요하다. 이렇게 독서할 때 우리의 마음에 변화가 생기고, 그 마음의 변화는 행동의 변화를 가져온다. 그리고 변화된 행동의 반복과 지속이 새롭고 거룩한 습관을 이루어 나갈 것이다.

다시 말하면, 변혁적 책읽기는 우리의 감정과 의지와 이성을 다하는 독서이며, 이를 통해 거룩한 말씀이 우리의 몸에 배게 된다. 즉 새 사람을 입는다 엡 4:22-24. 웨슬리는 이런 독서를 통해 얻은 마음의 변화가 삶의 변화를 가져오게 하는 일에 대해 조언하면서 그의 당부를 맺는다.

5. 마무리 : 화살기도

> 마지막으로, 항상 주님께 드리는 짧은 기도로 영적 독서를 마무리하십시오. 그리하여… 그대의 마음 밭에 뿌려진 좋은 씨들이 주님의 복을 받아 자라서 결실을 맺고, 그 열매가 영원한 삶을 낳게 하십시오.

화살기도 ejaculatory prayer 란 "주여, 저를 불쌍히 여기소서!" "하나님 찬미받으소서!"처럼 짧은 경구로 간결하되 간절하게 드리는 기도를 말한다. 영적 독서를 짧은 기도로 마무리하는 것은 독서 중 받은 은사 gift에 대해 주님께 감사와 영광을 바치는 동시에, 그것들을 놓고 주님과 대화하면서 영적 독서를 마무리하고 일상으로 들어감을 의미한다. 이렇게 우리는 독서 중에 받은 은혜 속에 지속적으로 머물면서(관상), 동시에 그리스도와 동역하는 사도직을 수행하며 일상을 살아가게 된다(활동).

거인의 어깨 위에 선 난쟁이

한국 기독교인들처럼 성경공부에 열성적인 이들이 또 있을까? 이런 성경공부에 대한 열심을 영성 고전 읽기로까지 확장할 수 있다면, 그리고 웨슬리의 조언을 받아들여 우리의 영적 독서를 심화한다면, 한국 교회는 분명 영적 성장과 성숙에 새로운 전기를 맞이할 수 있을 것이다.

고전 읽기는 우리가 성서의 세계를 더 깊고 폭넓게 이해하게 하는 바탕과 길잡이가 될 것이다. 또한 고전 읽기는 성서의 깨달음을 삶의 실천으로 이어지게 하는 데 힘과 지혜를 줄 것이다. 왜냐하면 고전이란, 다름이 아니라 성경을 자기 삶으로 '번역'해 내려고 분투했던 신앙 선현들의 경험으로 빚어진 작품이기 때문이다.

12세기 프랑스의 정치가이자 신학자였던 블루아의 피터 Peter of Blois, 1130?-1203?는 고전 독서의 중요성을 다음과 같이 말한다.

> 개들이 아무리 나에게 짖어 대고, 돼지들이 꿀꿀 댄다 할지라도, 나는 옛 선현들의 글을 본받아 행하는 일을 멈추지 않을 것이다. 이것이 언제나 나의 공부가 될 것이며, 내 기력이 다하는 날까지 나는 결코 이것을 게을리하지 않을 것이다. 우리는 거인들의 어깨 위에 서 있는 난쟁이들과 같다. 그 거인들 덕분에 우리는 그들보다 더 멀리 볼 수 있다. 우리의 고전 공부는 우리들의 소견보다 더 훌륭하고 정교한 선현들의 식견을, 시간의 망각과 사람들의 무관심으로부터 꺼내어 새롭게 되살려 내는 일이다.

"Letter 92", *Patrologina Latina*, ed. J. P. Migne, vol. 207, col. 209.

오늘날 수많은 비판과 잡음으로 주변이 소란하다. 이런 혼란을 벗어나 바른 길을 찾는 데에 영성 고전 읽기는 큰 유익이 될 것이다. 비록 우리의 소견은 일천日淺할지라도, 영적 거장들의 어깨 위에 선 덕분에 우리는 그분들보다 더 높은 식견으로, 바른 신앙의 길을 전망할 수 있게 될 것이므로….

10

회심은 '강철우리'를 깨뜨린다

현대 자본주의 사회와

조나단 에드워즈

권철우　　　koreanadonis@yahoo.com

미국 애리조나에 위치한 유마장로교회 목사이다. 보스턴대학교 (Boston University)와 GTU(Graduate Theological Union)의 박사 과정에서 기독교 영성학을 공부하였다. 현재 세속화된 포스트모던 사회에서 '어떻게 하면 하나님의 뜻을 잘 분별할 수 있을까'를 두고 개신교 영성 안에서 답을 찾고자 고민하고 있다.

회심은 '강철우리'를 깨뜨린다 : 현대 자본주의 사회와 조나단 에드워즈

본문에 인용된 에드워즈의 글들은 그가 전한 설교들과 여러 가지 생각들을 적어 놓은 글들을 주제에 맞춰 정리한 것에서 발췌하였다. 예일대학교의 조나단 에드워즈 센터의 웹사이트(edwards.yale.edu)를 통해 에드워즈 저작 전문을 검색할 수 있다. 한글 번역본으로는 여러 출판사들이 이미 에드워즈에 관한 많은 책들을 출판하였으며 부흥과개혁사에서 에드워즈 전집을 번역·출간 중에 있다.

'템플런'과 베버의 '강철우리'

아주 교훈적인(?) 모바일 게임이 있다. 2013년 초에 2탄이 출시되면서, 그 유명한 '앵그리버드'의 다운로드 기록까지 넘어선 '템플런'Temple Run이라는 매우 단순한 게임이다. 게임이 시작되면, 한 금빛 우상idol이 화면에 나타나면서 "자신 있으면 이 우상을 차지하라"는 문구와 함께 게이머gamer를 자극한다. 그러면 한 탐험가가 우상을 찾아 사원 안을 냅다 뛰기 시작한다. 쉴 새 없이 따라 붙는 악령들과 장애물을 피해 동전과 아이템을 획득하는 것이 게임의 줄거리다. 굉장히 목표 지향적인 게임이지만 목표물인 우상은 결코 획득할 수 없고, 그저 끝없는 사원 안을 달리다가 캐릭터가 죽으면 게임이 끝난다. '동전을 모으며 죽을 때까지 달리는 것'이 이 게임의 전부다.

이 게임 속의 달리는 캐릭터들은 오늘날 자본주의 사회를 살아가는 많은 현대인들의 자화상이다. 특히 한국인들은 어느 나라 사람들보다 바쁘게 산다. 정말이지 바빠도 '너~무' 바쁘다. 마치 무언가에 쫓기듯 주위를 살필 여유도 없이 앞만 보고 달린다. 이것은 각 개인만의 문제라기보다는 마치 한국 사회 전체가 쳇바퀴에 갇힌 다람쥐마냥 빠져나올 수 없는 구조에 갇혀 계속 달려야 하는 운명에 빠진 듯하다. 그렇다면 우리를 가두고 있는 '사원'의 실체는 무엇일까? 그리고 무엇이 우리를 이런 구조 속에 가두어 버렸을까?

독일의 저명한 사회학자 막스 베버 Max Weber, 1864-1920는 근대 서구 자본주의 사회에서 개인을 둘러싼 사회적 구조를 '강철우리' iron cage에 비유한다. 베버에 의하면 자본주의를 형성한 근본정신은 청교도주의 Puritanism에 뿌리를 둔 '금욕주의적 합리주의'이다. 육체의 욕망을 쫓기보다는 경건한 삶과 합리적인 사고를 추구하는 청교도의 생활 태도는 경제적인 성공과 부의 축적을 가져왔다. 그리고 축적된 부를 재투자하여 더 큰 부를 창출하면서 자본주의가 발전했다고 베버는 설명한다. 그렇다면 자본주의 체제 자체가 베버가 말한 '강철우리'인가? 그렇지는 않다.

베버는 산업화로 부의 축적이 크게 늘어나면서 자본주의 정신에서 금욕주의 요소가 점차 사라지게 되었다고 말한다. 대신 인간의 탐욕이 들어오면서, 이성적 계산과 통제를 바탕으로 '효율'만을 강조하는 '관료제도'로 변질되었다고 한다. 문제는 이기적이며 탐욕적인 소수의 관료들이 정교한 법체계를 바탕으로 다수의 삶을 통제할 때 발생한다. 베버는 이러한 관료제도가 사람들을 '강철우리'와 같은 빠져나올 수 없는 구조 속으로 집어넣어 다른 선택을 불가능하게 한다고 보았다.

'강철우리'와 참된 회심

최근의 세계적인 금융위기와 극심한 사회적 양극화 현상은 관료주의와 결합된 자본주의 폐해가 극에 달하고 있음을 단적으로 보여 준다. 현재로서는 탈출이 불가능할 것 같은 이 강철우리에서 누가 우리를 건져 낼 수 있을까? 그는 이 질문에 대해 새로운 예언자가 나타나거나 옛 사상과 이상이 부활할 수도 있고, 다른 한편으로는 현재의 자본주의가 화석화될 수 있다고 생각했다. 그렇다면 베버가 말한 것처럼 우리가 잊고 있던 옛 사상에서 지혜를 찾아보는 것은 어떨까?

"사악한 사람들은 지금 즉시 지옥에 떨어지는 것이 마땅합니다. 그들이 지옥에 떨어지는 것을 무엇이 잠시라도 막을 수 있겠습니까? 단 하나, 오직 하나님의 순전한 즐거움밖에 없습니다."

조나단 에드워즈Jonathan Edwards, 1703-1758의 유명한 설교 [진노하시는 하나님의 손 안에 있는 죄인들]*Sinners in the Hands of an Angry God* 1741의 한 구절이다. 에드워즈는 미국이 자랑하는 설교가이자 신학자이며, 대각성운동을 이끈 지도자이다. 이 설교는 대각성운동의 정점에서 나온 것으로 그 기간 동안 그가 선포한 설교들의 핵심을 잘 요약하고 있다. 여기서 에드워즈는 지옥이라는 무서운 현실이 청중들 앞에 기다리고 있음을 생생하게 경고한다. 그리고 하나님의 즐거움(은혜)으로 잠깐 미뤄진 심판을 피하기 위해서는 즉시 회심해야 한다고 힘주어 외친다. 그렇다면 그가 이야기하는 회심은 구체적으로 무엇을 말하는가? '강철우리'와 회심이 어떤 관계를 지니는가?

에드워즈는 영국에서 미국으로 이주한 청교도의 후손이다. 아버지는 뉴잉글랜드 지역의 목사였고, 에드워즈는 경건한 가정 분위기 속에서 자랐다. 장성해서는 자신 또한 목사가 되어 청교도였던 외할아버지가 이끌던 교회를 목회하였다.

그가 목회하던 뉴잉글랜드는 영국에서 이주해 온 청교도들이 청교도 경건주의에 입각한 이상적인 사회, 새로운 영국 New England을 건설하고자 하는 목표를 가지고 일군 땅이었다. 하지만 에드워즈 당시 뉴잉글랜드는 17세기 유럽에서 발생한 이성주의에 의해 개신교 내에서 교리 분쟁과 분열이 심각하게 일어나고 있었다. 또한 사회적으로는 경제적 발전으로 부가 축적되면서 사람들이 청교도 정신의 근본인 금욕과 경건을 잃어버리고 사치와 방탕에 빠져 있었다. 아직 베버의 '강철우리'라고 할 만한 관료제도가 정착하지는 않았지만, 탐욕의 추구가 '경건한 삶'을 상실한 근본 원인인 것은 오늘날 서구 자본주의 사회와 다를 바 없었다.

이러한 상황에서 에드워즈가 외친 회심은 그저 도덕적인 회심 또는 외적인 행동의 변화가 아니었다. 그것은 자신의 삶을 통제하고 있는 '자기 사랑이라는 우리'에서 벗어나 하나님의 통치 아래로 돌아가는 것이었다. 그의 목소리를 들어 보자.

> 타락이 인간의 영혼에 미친 폐해는 무엇입니까? 그것은 좀 더 고귀하고 광범위한 원리들을 상실하고 전적으로 자기애self-love의 통치 아래로 빠져든 것입니다. … 타락 이전의 인간의 영혼은 하나님 사랑이라는 고귀한 원리의 통치 아래에 있었습니다. … 하지만 인간이 범죄 한 후에 곧바로 고귀한 원칙들은 사라졌고 … 하나님과 다른 피조물들은 버림받았으며, 인간은 자신 속에 들어가 좁고 이기적인 원리들에 의해 지배당하게 되었습니다. 조나단 에드워즈, *Ethical Writings*[윤리에 관한 글들](New Haven, CT: Yale University, 1989), 253.

템플턴의 캐릭터와 '영혼 없는' 현대인

에드워즈는 인간이 태초에 의지와 이성을 지닌 '자율적 행위자'voluntary agents, 곧 어떤 간섭도 받지 않고 하나님의 뜻을 알며 그분과 교제하는 존재로 만들어졌다고 보았다. 하지만 타락으로 인해, 인간 의지는 죄로 오염되어 '죄의 성향'inclination을 띠게 되었다. 이러한 죄의 성향이 인간의 자유의지를 죄와 욕심에 사로잡히게 만들었다. 그 결과 하나님과 다른 인간들을 생각하던 탁월한 존재인 인간이, 이제는 자기 자신만을 생각하고 자기 이익만을 추구하는 존재로 변모하게 된 것이다. 그렇다면 어떻게 해야 이러한 이기적인 성향을 버리고 새로운 성향을 가질 수 있을까? 여기에 에드워즈가 부르짖은 회심의 핵심이 들어있다.

> *우리는 회심에서 첫째 되고 기초가 되는 가장 중요한 변화는 기질, 성향, 그리고 정신의 변화라는 것을 배웠습니다. 왜냐하면 회심에서 일어나는 일은 오직 하나님의 영이 인간의 영혼에 주어지고 그 안에 머물러, 인간의 삶과 행동을 이끄는 새로운 원칙이 되는 것이기 때문입니다. 이것이 바로 새로운 본성이며 또한 신적 본성입니다.*
> 조나단 에드워즈, *The Miscellanies:501-802* [다양한 글모음집](New Haven, CT: Yale University, 2000), 463.

하나님과의 일치 또는 연합을 통해 하나님의 영이 나를 다스릴 때, 이기적인 성향을 대체하는 새로운 성향이 나타난다.

에드워즈는 이러한 회심은 단지 개인적 차원의 변화에 머물지 않고 사람들로 하여금 공동체의 선을 위해 행동하게 하며, 그 결과 공동체의 변화, 더 나아가 사회의 변화를 가져오게 한다고 믿었다. 이는 그가 대각성운동을 통해 많은 이들이 회심, 곧 내적 성향의 변화를 경험하고 하나님과 이웃들에게 관심과 사랑을 베푸는 것을 목격했기 때문이다. 최근의 몇몇 학자들은 영어로 '강철우리'라고 번역된 베버의 용어가 독일어로 '각 개인이 옷처럼 입고 있는, 강철과 같이 단단한 껍질'을 의미한다는 점을 강조한다. 이런 관점에서 본다면 각 개인이 자신의 이기심으로 단단하게 굳어진 껍질을 깨뜨리고 벗어던지는 것이 에드워즈가 말한 회심의 열쇠가 될 수 있다. 아울러 자신의 강철 껍데기를 벗어던진 개인들이 함께 사회적 구조로서의 '강철우리'를 깨뜨릴 수 있다.

베버는 『프로테스탄트 윤리와 자본주의 정신』의 마지막 부분에서 근본정신을 상실한 자본주의가 양산하는 인간의 모습을, 영리 충동의 포로가 된 "가슴 없는 향락인"과 "영혼 없는 전문가"로 묘사한다. 이는 곧 동료 인간에 대한 깊은 '동정' compassion 없이, 죽을 때까지 달리는 '동전' 줍기 전문가, 즉 모바일 게임 '템플런'의 캐릭터에 반영된 현대인의 모습이 아닐까? 이들은 에드워즈의 표현을 빌리면 하나님 사랑과 이웃 사랑의 고귀한 원칙의 통치를 벗어나 이기심의 포로가 된 인간들이다. 좁게는 하나님의 임재로 가득 찬 교회와 세상 안에서, 그분과 하나 되기는커녕 탐욕이라는 우상과 물질을 추구하며 바쁘게 달리고 있는 기독교인들이다.

손 안에 든 스마트폰을 비롯해 우리 주변에는 향락거리들이 넘쳐난다. 그런데 당신이 즐기는 그 향락이 당신의 가슴을 하나님을 향한 사랑으로 뛰게 하고, 이웃을 향한 사랑으로 날마다 설레게 만들어 주는가? 당신은 아마 전문적인 지식 또는 기술을 갖고 있거나, 어떤 일을 아주 효율적으로 해낼 수 있는 '전문가'일 수 있다. 그런데 당신의 영혼도 하나님과 사람들과의 관계에서 날마다 '전문적으로' 자라가고 있는가? 아니라면 당신은 '가슴 없는 향락'을 즐기는 '영혼이 없는 전문가'일 가능성이 높다. 만일 그렇다면, 지금 당장 달리는 것을 멈추고, 진정한 회심을 외치는 에드워즈의 말에 귀를 기울일 때다. 베드로와 바울이 갇혔던 옥문을 여신 하나님의 영이 우리의 내적 성향을 바꾸시고, 이기심의 감옥에서 이끌어 내시길 겸손히 간구해야 한다. 이렇게 진정으로 회심한 그리스도인들이 성령 안에서 사랑과 희망으로 연대한다면 언젠가는 이 사회의 '강철우리'가 깨어지는 날도 오게 될 것이다.

11

굿 딜(Good Deal)?

에크하르트의 눈으로 본

소비주의 영성

권혁일   worshiper01@gmail.com

GTU의 박사 과정에서 기독교 영성학을 공부하고 있다.

*Flowers of Contemplation: Peace and Social Justice*를 지었고,

『베네딕트의 규칙서』와 『제임스 게일』 등을 번역하였다.

영성과 문학, 영성과 사회정의, 수도원 영성과 현대 그리스도인의

삶 사이에서 길을 찾고 있다.

굿 딜(Good Deal)? : 에크하르트의 눈으로 본 소비주의 영성

본문에 인용된 에크하르트의 작품은 마태복은 21장 12절에 관한 그의 설교문의 일부이다. 이 글은 요세프 퀸트(Josef Quint, 1898-1976)의 에크하르트 선집에 "독일어 설교 1"로 분류되어 있다. 우리말로 번역된 『마이스터 에크하르트 독일어 설교 1』(누멘, 2010)에서 찾아볼 수 있다. 함께 인용된 토머스 머튼의 *New Seeds of Contemplation*은 『새 명상의 씨』(가톨릭출판사, 2005)로 번역되었다.

VIP에 대한 '삐딱한' 생각

지난 2012년 어느 토요일이었다. 〈무한도전〉이라는 TV 프로그램을 보는데 터져 나오는 웃음을 도저히 참을 수가 없었다. "못친소(못생긴 친구를 소개합니다) 페스티벌"이라는 특집이었는데, 무한도전 출연자들이 평소 자신들의 외모에 자신감을 갖게 해 주는 '못생긴' 친구들을 불러서 함께 잔치를 하는 내용이었다. 형식은 게임과 투표를 통해 누가 가장 못생긴 사람인지 선출하는 것이었지만, 내용은 '못생긴' 이들이 자신들만의 개성을 갖고 있는 '매력 덩어리들'임을 보여 주는 것이었다. 많은 언론이 이 프로그램이 '외모지상주의에 던진 돌직구'였다는 호평을 내어 놓았다. '못친소 페스티벌'을 보며 떠오른 '삐딱한' 생각이 한 가지 있다.

일반적으로 'VIP'Very Important Person란 남들보다 많은 재력

이나 힘을 가진 사람들을 일컫는다. 호텔이나 공항, 백화점 등에서 VIP는 대부분 많은 돈을 내고 값비싼 상품이나 서비스를 소비한다. 근래에 부유층이 아니어도 고가 브랜드 제품을 구매하는 중산층 고객들이 늘어나면서, 명품 업체들은 경제력이 월등한 소수의 고객을 만족시키기 위해 VIP와도 차별되는 'VVIP' Very Very Important Person 또는 'VVVIP' Very Very Very Important Person라는 개념을 도입하였다. 이처럼 소비주의 사회에서 귀빈 또는 중요한 인물은 인품이나 가치관과 상관없이 그저 '돈을 잘 쓰는 사람'이다. 그러나 무한도전의 '못친소 페스티벌'의 VIP는 단연 누가 봐도 못생긴(웃기게 생긴) 이들이었다. 이 프로그램의 귀빈은 경제력이 뛰어난 사람도, 인기가 많은 사람도 아닌 자기 자신의 고유한 매력을 발산할 줄 아는 사람이었다.

환상을 살찌우는 소비

인류 역사상 오늘날처럼 소비를 장려한 때가 또 있었을까? '판매와 소비'라는 경제구조는 화폐의 발달과 함께 아주 오래 전부터 사람들의 삶 속에 존재해 왔다. 오늘날 우리는 매체의 발달과 더불어 상품 광고에 노출되지 않고 사는 것이 거의 불가능한 정도가 되었다. 매일 보는 TV, 신문, 인터넷 등은 말할 것도 없고, 길거리와 지하철, 버스 등에는 각종 광고물들이 우리의 소비 욕구를 충동한다. 최근 세계적인 경기 침체와 관련하여 뉴스에서 '소비 심리'라는 말이 자주 나온다. 이 뉴스들은 하나같이 사람들이 소비를 많이 하고 기업의 장사가 잘되어야 경제가 회복된다는 논리를 바닥에 깔고 있다. 이런 분위기에서 '소비'는 경제 발전과 행복한 삶을 위한 아름다운 덕목이며, 소비를 잘하는 사람이 좋은 시민이라는 논리가 성립된다. 그러나 정말 소비가 가치 있는 삶과 경제 회복을 위한 만능열쇠일까?

물론 이른바 '착한 소비', '건전한 소비'는 필요하다. 하지만 과도한 소비가 경제적 파탄을 일으킬 수 있다는 점은 누구나 다 잘 알고 있다. 그런데 잘못된 소비가 야기하는 정신적·영적 문제는 이보다 더 치명적이다. 다시 VIP에 대한 이야기로 돌아가서, 고급 브랜드의 옷을 입고 호텔이나 비행기 또는 레스토랑에서 VIP로서 최상급의 대우를 받는 것은 내가 이 사회에서 '매우 중요하고 가치 있는 인물'이라는 기분이 들게 만들 수 있다. 그러나 이러한 대우는 그 사람의 소비력에 준한 대우이지, 그 사람의 실제 인격과 가치를 기준으로 한 대우가 아니기 때문에 오히려 그 사람에게 자신에 대한 허상을 제공하기가 쉽다.

> *우리 모두는 환상적인 인격*illusory person, *곧 거짓 자아로 그늘 지워져 있다. 이것은 내가 되고 싶어 하는 사람이다. 그러나 하나님은 그 사람에 대해 아시는 바가 전혀 없다. 왜냐하면 그런 사람은 존재하지 않기 때문이다.* 토머스 머튼, New Seeds of Contemplation(New York: New Directions, 1972), 34.

머튼은 각 사람 안에 하나님께서 원래 창조하신 고유한 인격, 곧 참된 자아가 있지만, 사람들은 하나님의 의도와는 달리 자신의 환상 속에서 다른 인격이 되기를 추구한다고 말한다. 굳이 VIP를 위한 고급 상품이나 서비스가 아니더라도, 많은 현대인들은 소비를 통해서 자신의 허구적인 인격을 강화하고 내적인 갈망을 충족시키기를 추구한다. 더욱더 좋은 제품과 서비스를 저렴한 가격에 구매하는 '굿 딜'good deal은 소비자의 만족을 극대화하기 때문에 '굿 딜'에 관한 정보가 있는 웹사이트나 상점에는 방문자들의 발걸음이 끊이질 않는다. 그러나 우리는 '굿 딜'을 통해서 만족을 얻는 것은 '소비자로서의 나'이지 우리 내면의 '참된 나'가 아니라는 사실을 기억해야 한다.

소비주의로 오염된 교회

더욱 큰 문제는 교회 역시 소비주의의 청정지역이 아니라는 사실이다. 유진 피터슨은 2004년 한 강의에서 미국 교회가 회중을 소비자 집단으로 만들었다고 날카롭게 지적하였다. 회중을 끌어들이기 위해 "그들이 원하는 환상fantasy을 제공하고 소비재로서의 복음과 오락과 엑스터시와 만족과 흥분과 모험과 문제 해결을 제시"한다는 것이다. 〈목회와 신학〉, 2005년 9월 호, 235쪽.

피터슨은 이러한 소비주의 영성의 문제점은 예수 그리스도가 걸어간 자기희생과 부인의 길과는 정반대로 걸어간다는 데 있다고 말한다. 여러 면에서 미국 교회를 닮은 한국 교회도 이러한 비판에서 자유로울 수 없다. 70-80년대 한국 교회의 급속한 성장에는 강단에서 대량 생산해 낸 '축복'이라는 상품이 인기리에 판매된 데 한 원인이 있음을 부인할 수 없다. 이러한 소비주의 영성에서 교회는, 하나님과의 영적 교제가 일어나는 장소가 아니라 동대문시장과 같이 흥정을 하는 상업 구역이 된다.

그리고 기도는 하나님과의 친밀한 교제와 연합을 위한 수단이 아니라 기도자의 만족을 목표로 하는 '굿 딜'을 위한 거래 수단으로 전락하고 만다.

사실 교회가 소비주의 영성으로 인해 위험에 빠진 것은 오늘날이 처음이 아니다. 성경에 기록된 것처럼 성전이 매매하는 자들로 붐볐던 예수님 당시가 그러했고, 마이스터 에크하르트 Meister Eckhart, 1260-1327가 살던 중세 유럽 교회가 그러했다. 에크하르트는 예수께서 성전을 정화하신 사건을 기록하고 있는 마태복음 21장 12절에 대한 설교에서 성전 안에서 장사하던 이들에 대해서 다음과 같이 말한다.

> 그들은 모두 상인들businessmen입니다. 심각한 죄를 짓지 않으려 주의하고, 좋은 사람들이 되기를 원하며, 하나님의 영광을 위해서 선한 일들을 합니다. 곧, 금식과 철야와 기도, 그리고 다른 무슨 선한 일들이 있으면 그것들을 합니다. 하지만 그들은 우리 주님께서 그들에게 그 보답으로 뭔가를 되돌려 주시도록 그렇게 합니다. 또는 하나님

께서 그들을 기쁘게 하시려고 뭔가를 해 주시기를 바라서 그 일들을 합니다. 이것은 순수하지 않은 어떤 것으로 보일 수가 있습니다. 왜냐하면 그들은 어떤 것에 대한 답례로 무언가를 주려고 하기 때문입니다. 그래서 그들은 우리 주님과 상업적인 거래를 하기 원합니다.

마이스터 에크하르트, *Meister Eckhart :Teacher and Preacher*, ed. Bernard McGinn(Mahwah, NJ: Paulist, 1986), 240.

에크하르트에 따르면 성전 안의 장사꾼들은 악한 사람들이라기보다는 '좋은 사람들'이다. 그런데 여기서 그가 말하는 좋은 사람들이란 적당한 수준의 종교적·도덕적 의무를 이행하면서 살지만 온전히 주님만을 사랑하는 헌신된 그리스도인은 아니다. 이들은 심각하게 악한 죄를 짓지 않는 주의력이 있으며, 선한 행동을 할 줄 아는 양식이 있다. 하지만 이들의 '좋은 삶'은 대가를 바라지 않는 순수한 믿음의 표현이 아니라, 자기의 욕심을 채우기 위한 자기 사랑의 표현이다. 주님으로부터 무언가를 대가로 얻기를 바라서 드리는 일종의 '뇌물'이다. 그래서 에크하르트는 이들은 예배자가 아니라 주님과 '상업적인 거래'

를 하려는 '상인'이라고 말한다. 이 상인들은 과거 성서의 이야기 속에만 있는 것이 아니라 그가 살던 시대의 교회 안에도 '여전히' 존재했다. 에크하르트의 이 설교는 13세기 유럽에서 일어난 상업의 발달을 배경으로 하는데, 당시는 상거래와 도시의 발달로 기존의 봉건체제가 무너지고, 상업을 통해서 부를 축적한 사람들이 사회에서 신흥 세력으로 부상하던 시기였다. 그러므로 경제력을 중요시 여기고 모든 것을 상업적인 관점에서 바라보는 가치관이 교회 안에도 만연했던 것으로 보인다.

아마도 오늘날의 교회는 중세 유럽 교회보다 물질주의, 소비주의와 더 깊이 연루되어 있을 것이다. 많은 이들이 오늘날 기독교의 위기를 물질주의로 인한 교회의 세속화와 타락에 그 원인을 돌린다. 많은 경우 교회 분쟁에는 헌금이나 건물 등의 물질에 관한 문제가 연루되어 있다. 많은 교인들은 브랜드 가치가 높고 자신들의 기호에 맞는 설교와 프로그램을 소비할 수 있는 교회에 몰린다.

반면에 교인 수와 헌금이 줄어드는 교회의 담임목사는 실적(?)이 좋지 못하다는 이유로 사임 압박을 받는다. 그러므로 오늘날의 그리스도인들은 자신이 외적으로는 좋은 신앙생활을 하면서도 실제로는 자신의 욕망을 만족시키기 위해 주님과 거래를 하고 있지는 않은지 철저하게 성찰해 보아야 한다. 그리고 오늘날의 교회가 세상 사람들이 하나님을 만나고 하나님의 영광을 보는 곳이 아니라, 세상을 상대로 장사를 하는 '기업'과 같은 곳으로 변질되어 가는 것은 아닌지 겸손히 돌아보아야 한다.

'청소부 예수'를 기다리다

기도자(예배자)가 신과의 거래를 통해 상호 이익reciprocity을 추구하는 정신은 진정한 기독교의 신앙생활 또는 기도와는 거리가 멀다. 그것은 고대 그리스-로마 종교의 제사와 기도에서 나타나는 특징이며, 또한 소원을 성취하기 위해 죽은 돼지머리를 상에 올려놓고 고사를 지내는 우리나라의 샤머니즘에 나타나는 특징이다. 진정한 기독교의 기도는 우리 안의 욕심과 이기심을 정화하고 하나님의 뜻과 사랑과 내가 하나가 되기를 추구한다. 그래서 에크하르트는 예수께서 성전을 비워서 자유롭게 하신 것처럼, 우리의 내면을 비우고 욕심으로부터 자유로워져야 한다고 말한다. 그래야 우리도 모든 의심과 환상으로부터 자유로워지고 온전히 하나님과 하나가 될 수 있다. 에크하르트는 다음과 같은 기원으로 설교를 마무리 짓는다.

> 예수께서 또한 우리 안에 오셔서 모든 장애물들을 던져 버려 제거하시고, 그분이 아버지와 성령과 하나이신 것처럼 우리도 하나님과 하나가 되게 하시기를 원합니다. 그래서 우리가 그분과 하나가 되어 영원히 거할 수 있도록 말입니다. 하나님, 우리를 도와주소서. 아멘.

소비주의에 깊게 물든 오늘날의 교회는 스스로 자정할 수 있는 능력을 상실하였다. 인간의 손으로 만든 물질과 환상에 대한 추구로 더럽혀진 우리 내면은 주님에 의해 깨끗이 비워져야 한다. 그리고 사람의 손으로 만들어지지 않은 하나님의 순전한 빛으로 채워져야 한다.

우리의 내면의 잘못된 욕망이 바로잡히고, 우리가 더 이상 스스로 만든 또는 소비주의 사회가 제공하는 환상을 추구하는 것을 그칠 때 비로소 참된 자아가 깨어난다. 그가 바로 하나님께서 만드신 VIP, 곧 '매우 중요하고 고귀한 사람'이다.

12

가난한 부인과
'가난 부인'

프란치스코와

'가난의 영성'

이강학　　leekhch@gmail.com

〈산책길 기독교영성고전학당〉의 대표 연구원이며, 횃불트리니티 신학대학원에서 실천신학(기독교 영성)을 가르치고 있다. GTU에서 기독교 영성학으로 철학박사 학위를 받았으며, 『영적 분별의 길』을 번역하였다. 주로 영성 지도, 영성 훈련, 영적 분별 등을 주제로 연구하고, 강의하며, 실습하고 있다.

가난한 부인과 '가난 부인' : 프란치스코와 '가난의 영성'

프란치스코가 직접 쓴 가난에 대한 언급은 『아씨시 프란치스코와 클라라의 글』(프란치스코, 2014)에 담겨 있다. 본문에 인용한 가난 부인과 관련된 글은 최근에 『가난 부인과 성 프란치스코의 거룩한 교제』(프란치스코, 2015)라는 제목으로 출판되었다. 프란치스코의 가난한 삶은 토마스 첼라노가 쓴 『아씨시 성프란치스꼬의 생애』(분도출판사, 1990)에 잘 나타나 있다.

지난 겨울은 가난이 주는 또 하나의 상처를 우리 가슴에 새기고 떠났다.

> "2월말 서울 송파구 반지하방에서 60대 어머니와 30대 두 딸이 번개탄 연기와 함께 마지막 길을 떠났다. 세 모녀는 하얀 편지봉투 겉면에 유서를 남겼다. '주인 아주머니께 … 죄송합니다. 마지막 집세와 공과금입니다. 정말 죄송합니다.'라고 적고 그 속에 5만 원짜리 14장을 넣었다."〈한겨레신문〉 2014.3.1, '사설'에서.

아버지는 12년 전에 방광암으로 돌아가셨다. 큰딸은 당뇨와 고혈압을 앓고 있었다. 생계를 책임지던 어머니가 넘어져서 오른팔을 다치는 바람에 더 이상 수입이 없어졌다. 대통령이 국민 소득 4만 달러 초석의 꿈에 부풀어 있을 때, 우리의 가난한 이웃은 "살려 달라는 말 한마디 못하고 조용히 번개탄의 불을" 피웠다. "정말 죄송합니다!"라는 말을 해야 할 사람은 돌아가신 분들이 아니다. 그렇다면 진심으로 죄송하다는 말을 해야 할 사람은 누구인가? 누가 누구에게 죄송하다는 말을 하는 것이 이치에 맞는가?

프란치스코, 가난을 추구한 성자

가난의 실재는 언제나 우리에게 던져지는 하나의 큰 질문이다. 내가 경험하는 가난의 고통을 어떻게 받아들여야 하는가? 가난한 이웃을 어떻게 대해야 하는가? 가난을 경험하는 것과 하나님을 만나는 것은 어떤 관계가 있는가? 가난은 영성에서도 중요한 주제이다. 그러나 뼛속까지 자본주의인 현대 한국 기독교를 대표하는 많은 교회들은 가난이라는 주제를 영성의 주제로 삼기보다는 벗어나야만 하고 회피해야만 하는 죄와 벌로 여기는 것 같다('번영신학'을 떠올려 보라). 그러나 가난한 세 모녀의 죽음을 계기로 '가난의 영성'을 되짚어 보면서 우리 모두 회심과 통찰의 기회로 삼으면 좋겠다.

가난의 영성을 가장 깊이 있게 삶을 통해 다룬 인물은 아씨시의 프란치스코 Francis of Assisi, 1182-1226이다. 그는 가난을 예수 그리스도의 발자취를 따라가는 영성 생활의 핵심으로, 그래서 평생 추구해야 할 가치로 여기고 살았다. 그는 한센병 환우를 비롯한 가난한 사람을 도울 뿐 아니라, 자기 자신도 가난한 삶을 살려고 노력했다. 회심과 함께 소유를 다 팔아 무너져가는 산 다미아노 San Damiano 교회에 헌금하고 욕심 많은 아버지가 돈을 돌려 달라고 하자 입고 있던 옷마저도 다 벗어서 줘 버렸다는 프란치스코의 이야기는 유명하다. 그 후로 3년간 프란치스코는 은수자隱修者의 행색을 하고 다녔다. 은수자의 수도복에 가죽 허리띠를 두르고 손에는 지팡이를 들고 다닌 것이다. 그러던 중 프란치스코가 가난을 더욱 본격적으로 추구하게 된 계기가 있었다. 그가 설교를 듣는데 한 부분의 말씀이 그의 마음을 사로잡은 것이다. 이 이야기는 토마스 첼라노가 쓴 [성 프란치스코의 생애] *The Life of Saint Francis*에 실려 있다.

> 그리스도의 제자들은 금이나 은이나 돈을 소유

하거나, 여행 중에 지갑이나 가방, 빵이나 지팡이, 신발이나 두 개의 가방이나 두 벌의 겉옷을 휴대해서는 안 되고, 하나님 나라와 회개할 것을 설교해야 한다는 것을 알게 되었을 때, 이 거룩한 사람 프란치스코는 즉시 하나님의 영으로 크게 기뻐하였다. "이것이 내가 원하던 것이다."라고 그는 말했다. "이것이 내가 찾던 것이다. 이것이 내가 온 마음으로 열망하던 것이다." 기쁨으로 가득 찬 이 거룩한 아버지는 그 구원의 말씀을 수행하느라 분주했는데, 들은 것은 지체하지 않고 성실하게 실행하기 시작했다. 즉시 그는 그의 발에서 신발을 벗었고, 손에서 지팡이를 내려놓았으며, 한 벌의 겉옷으로 만족했고, 그의 가죽 허리띠를 끈과 맞바꾸었다. Thomas of Celano, "The Life of Saint Francis, The First Book", in *The Saint*, Volume I of Francis of Assisi: The Early Documents, (New York: New City Press, 1999), 201-202.

프란치스코는 마태복음 10장 9-10절에서 그리스도가 제자들에게 명령하신 것을 따라 즉시 은수자의 옷과 행색을 버리고 더 철저한 가난을 추구하기 시작했다. 가난을 추구하는 그의 마음은 기쁨으로 가득 찼다. 왜냐하면 가난의 경험 안에서 그리스도를 더 가까이 만나고 따를 수 있었기 때문이다.

프란치스코는 「초기 회칙」 The Earlier Rule에서 그를 따라 공동체를 이룬 형제들에게도 주 예수 그리스도의 모범을 따라 가난을 추구하라고 다음과 같이 권면한다.

> 모든 형제들은 우리 주 예수 그리스도의 겸손과 가난을 따르도록 노력해야 합니다.

또 그는 구체적으로 예수 그리스도처럼 탁발, 즉 주는 대로 먹는 삶을 강조한다. 프란치스코가 회칙에 절대로 돈을 받지 말도록 하면서, 탁발을 통해 먹을 것을 얻도록 강조한 것은, 복음서에 나오는 그리스도의 삶을 따라 살려는 취지에서이다. 그것은 동시에 돈 때문에 타락한 수도원들을 개혁하려는 시대적인 과제를 수행하기 위한 대안적 삶의 수단이기도 했다. 그 전까지는 수도원들이 대부분 돈과 땅을 기부받아 풍족하게 생활해 왔고, 그 결과 타락하게 되었기 때문이다.

그러므로 가장 가난한 사람의 행색을 하고, 가난한 사람들과 함께 생활하며, 그들처럼 탁발을 하는 형제회의 모습은 수도원의 역사에서 무척 새로운 것이었다.

거룩한 '가난 부인'

프란치스코에게 가난은 기독교인이라면 반드시 추구해야 할 가장 큰 덕목이었다. 『덕의 찬가』*A Salutation of the Virtues*라는 시편의 한 구절에서 프란치스코는 다음과 같이 가난이라는 덕을 가난 부인 Lady Poverty이라고 부르며 칭송하고 있다.

> *거룩한 가난 부인Lady holy Poverty이여, 주께서 당신의 자매인 거룩한 겸손과 함께 당신을 보호해 주시기를!*

가난이라는 덕을 여성(부인)으로 의인화하여 칭송하던 프란치스코의 영성은 그의 사후에 『가난 부인과 성 프란치스코의 거룩한 교제』1237-1239라는 문학적 작품에 더 풍성하게 나타나 있다. 익명의 저자가 쓴 이 작품은 프란치스코의 제자들로 하여금 그의 가난에 대한 성경적 비전을 제대로 따라 살도록 격려하는 목적으로 저술되었는데, 머리말은 왜 가난을 추구해야 하는지를 잘 설명한다. 이에 따르면, 덕행이란 마음에 "하나님을 맞아들일 수 있는 공간"을 만들어 주는 기능을 하는데, 프란치스코 영성에서는 가난이 가장 근본되는 덕행의 자리를 차지한다. 가난을 훈련해야 다른 덕행들도 시련 가운데서 흔들리지 않을 것이기 때문이다. 여기서 '자발적 가난'이라는 영성 훈련이 예수 그리스도의 제자들에게 얼마나 중요한지를 깨닫게 된다.

'가난 부인'에 대한 설명을 조금 더 해보자. 위의 작품에서 프란치스코는 거룩한 가난 부인을 찾아 헤매다가 두 노인을 만난다. 노인들은 세상 사람들이 가난 부인을 어떻게 대했는지, 가난 부인이 지금 어디에 있는지, 그녀를 만나려면 어떻게 해야 하는지 프란치스코에게 설명해 준다.

먼저, 세상 사람들은 가난 부인을 어떻게 대했는가?

> 그녀를 찾는 사람이 많았습니다. 그녀는 어떤 때에 여러 명과 동행하여 지나갔지만, 매번 외롭게 헐벗어 돌아오곤 했습니다. 그녀는 어느 동료의

호위도 받지 못했으며, 옷가지도 입지 못한 채 치장도 못하고 돌아오곤 하였습니다. 그녀는 서럽게 울며, 오빠들이 나를 모욕했다고 말했습니다.

세상 사람들은 처음에 가난 부인에게 관심을 가졌지만 곧 가진 것마저 빼앗고 보호해 주지 않았으며 소외시키고 모욕하기까지 했다. 가난 부인이 경험한 것은 실제로 우리의 가난한 이웃들이 날마다 경험하는 일 아닌가?

다음으로, 가난 부인은 지금 어디에 있는가?

> 오, 형제여, 그래서 그녀는 지금 막 주님께서 이끌어 크고 높은 산으로 올라갔습니다. [하나님]께서 그녀를 야곱의 모든 막사보다 더 즐거워 하시어, 그녀는 지금 성산에 머물러 있습니다. 거인들이라 해도 그녀의 발치에 이를 수 없으며, 독수리도 날아 봐야 그녀의 목에도 미치지 못하지요.

가난 부인은 지금 주님의 사랑을 받으며 주님 곁에 있다. 그

곳은 누구도 가난 부인을 해칠 수 없는 곳이다. 주님과 가난 부인의 친밀한 관계를 인식한다면 우리는 가난의 경험이 지닌 영적 의미를 간과할 수 없다.

우리가 주님께 가까이 갈 때 주님은 가난이 내포한 풍성한 영적 의미를 알아차릴 수 있도록 도와주실 것이다. 또 우리가 가난 부인에게 가까이 갈 때 주님과도 더 친밀한 교제를 나눌 수 있게 될 것이다. 그렇다면 가난 부인에게 가려면 우리는 어떻게 해야 하는가?

> 그러니 형제여, <u>그녀를 가까이 하고 싶다면 그대의 환락의 옷을 벗어 던지고, 온갖 무거운 짐과 그대를 얽어매는 죄를 벗어 버리십시오. 이런 것들로 인해서 홀가분하지 못하면 그대는 아득히 높은 곳에 있는 그녀에게 올라 갈 수 없기 때문입니다.</u>[05] 그러나 안심하십시오. 그녀는 상냥하고, 그녀를 사랑하는 사람들에게 쉽게 나타나며, 그녀를

---

[05] 이 작품의 한글 번역문은 다음의 웹사이트에서 가져온 것이며, 그 중 밑줄친 부분은 필자가 수정한 부분이다. http://blog.naver.com/rkmoonsfo/30091492940

> 찾는 사람들은 그녀를 발견하게 마련입니다. 형제여, 그녀를 생각하는 것 그 자체가 깨달음의 완성입니다. 그리고 그녀를 응시하며 깨어 있는 사람은 곧 편안해질 것입니다. "The Sacred Exchange between Saint Francis and Lady Poverty", in *The Saint*, 523-554.

가난 부인께 가려면 환락, 무거운 짐, 그리고 죄의 옷을 벗어야 한다. 또 가난 부인의 상냥한 성품을 신뢰하고 포기하면 안 된다. 그리고 항상 가난 부인을 생각하고 깨어 바라봐야 한다. 마지막으로 가난 부인에게 가는 길은 형제들과 함께 가야 지치지 않는다고 노인들은 권면한다. 이는 영성 생활에서 공동체의 중요성을 일깨워 주는 표현이다.

다른 한편으로, 프란치스코는 「훈계들」*The Admonitions*이라는 글에서 정신적인 가난에 대해서도 언급하고 있다.

> 기도와 의무적인 실천을 고집하면서, 자신의 몸을 괴롭히는 사람들이 많이 있다. 그러나 그들은 몸을 해롭게 하는 한마디 말 또는 그들이 가진 무엇인가를 빼앗아가는 것이 있을까봐 곧 마음으로

> 힘들어 한다. 이 사람들은 영혼이 가난한 것이 아니다. 영혼이 진실로 가난한 사람은 자기를 싫어하고 뺨을 때리는 사람도 사랑한다.

 정신적인 가난이란 이기적인 자신을 초월하는 것이며, 어떤 말에도 흔들리지 않는 자유를 유지하는 것이며, 자기를 괴롭히는 사람도 불쌍히 여기며 사랑하는 것이다.

 예수님이 가난했다는 사실을 깊이 묵상하지 않는 기독교인은 예수님을 안다고 말할 수 없다. 가난의 영성은 가난한 사람과 함께하는 삶을 전제로 한다. 프란치스코가 지난 겨울에 한국에 있었다면 돌아가신 가난한 모녀 안에서 '가난 부인'의 얼굴을 보았을 것이다. 그리고 그 곁에서 그 고통을 함께 나누기 위해 최선을 다했을 것이다.

 그러나 우리는 지난 겨울에 그 기회를 다시 한 번 놓치고 말았다. 죄송하다는 말을 해야 할 사람은 가난한 세 모녀가 아니었다. 가난한 부인들 안에서 가난 부인의 얼굴을 알아차리지 못하고, 가난 부인과 함께하시는 주님의 임재를 외면하는, 이른바 예수 그리스도의 제자들이야말로 가난했던 세 모녀에게 그리고 예수님께 죄송하다는 말을 해야 한다.

"예수님, 정말 죄송합니다!"

13

사막의 꽃

『사막 교부들의
금언집』

임택동   limfreedom@gmail.com

미국 Davis Korean Christian Fellowship 목사이며, GTU의 박사 과정에서 기독교 영성학을 공부하고 있다. 그리스도인들의 일상과 삶 속에서 구체적으로 영위되는 신앙과 영성(lived religion)에 있어서 성경이 하는 역할에 대해 관심이 있다.

사막의 꽃 : 『사막 교부들의 금언집』

Apophthegmata Patrum[교부들의 금언들]은 기독교 초기 이집트 등지의 사막에서 생활했던 남녀 은수자들의 영적인 삶과 격언들을 담은 책으로, 원래 구전으로 내려오던 이야기들을 약 4세기 말-6세기 경에 채록한 것이다. 현재 이 모음집은 주제별 모음집, 교부들의 이름을 알파벳 순서에 따라 배열한 알파벳 모음집, 무명 모음집 등으로 출간되었다. 우리말 번역으로는 『사막 교부들의 금언집』(분도출판사, 1999), 『사막 교부들의 금언』(은성출판사, 1995), 『깨달음』(규장, 2006), 『사막교부들의 금언집』(두란노아카데미, 2011) 등이 있다.

살아 있는 모든 것들은 절정의 순간이 있다

테이블 위의 진분홍 장미꽃의 도드라진 자태가 마치 이런 말을 건네는 듯하다. 도시의 길을 가득 메우고 있는 숨 가쁜 발자국 소리들은 아마도 그런 절정을 꿈꾸며 모이고 또 모였으리라. 많은 도시인들의 가슴에는 "더 많은 소유와 축적은 생을 빛나게 해준다."라는 글귀가 새겨진 듯하다. 이 글귀의 끝자락에 도종환의 시 한 구절은 의문부호 하나를 붙여 놓는다.

> 버려야 할 것이
> 무엇인지를 아는 순간부터
> 나무는 가장 아름답게 불탄다
> 제 삶의 이유였던 것
> 제 몸의 전부였던 것

아낌없이 버리기로 결심하면서

나무는 생의 절정에 선다 도종환, 「단풍 드는 날」 일부.

떠나온 사람들

버림과 떠남으로 생의 절정을 향해 떠난 사람들이 있었다. 주후 3-6세기경, 이집트와 시리아 등지에서 일련의 사람들이 비옥한 생활 터전을 버리고 훌쩍 떠나 메마르고 황량한 사막으로 들어갔다. 그들은 예수의 삶을 그대로 본받아 구현하고픈 열망으로 수도자의 길로 들어섰다. 이들이 주고받은 대화와 이야기들을 모아서 담아 놓은 책이 『사막 교부들의 금언집』*The Sayings of the Desert Fathers*이다. 수도자들이 숭앙했던 스승들의 금언과 이야기들을 수집하여 보전하기 시작한 것이 책의 모태가 되었다. 이 책을 제대로 읽기 위해서는 각 금언이 보편적인 규범으로 주어진 것이 아니라, 특정한 시기와 상황 가운데 있는 개인이나 집단에게 주어진 교훈이라는 사실을 유념할 필요가 있다. 하지만 이 특별한 교훈들이 약 1,500여 년이 지난 오늘날에도 여전히 우리들에게 말을 걸어온다.

사막의 남녀 수도자들은 '떠나온' 사람들이었다. 사막 수도자의 원조격인 이집트의 안토니우스Antonius of Egypt, 251?-356는 예수님의 생생한 음성, 즉 "네가 온전하고자 할진대 가서 네 소유를 팔아 가난한 자들에게 주라 그리하면 하늘에서 보화가 네게 있으리라 그리고 와서 나를 따르라"마 19:21는 말씀을 문자적으로 들은 뒤, 자신의 재산을 모두 다 팔아 가난한 자들에게 나눠주고 수도생활을 시작하였다. 그리고 이 말씀은 안토니우스의 뒤를 이어 사막으로 발걸음을 내딛는 다른 사람들의 귓가에도 울렸다.

이들의 떠남은 지금의 자리에 대한 의문에서 시작되었다. 곧 '지금의 자리는 정상적이지 않고 현재의 삶은 주님이 원하시는 삶이 아니다.'라는 위기의식이 그들을 움직였다. 당시 기독교회는 사막화 과정 가운데 있었다. 수많은 순교자의 피를 통해서 기독교가 로마제국으로부터 공인을 받고 황제까지 기독교인이 되었지만, 권력과 재물의 위력 앞에 많은 그리스도인들이 무릎 꿇기 시작했다. 이전에 만연했던 혹독한 핍박과 순교는 사람들에게 한 주인을 섬기도록 신앙의 절대성을 요구하였지만, 신앙생활이 자유로워진 이후에는 오히려 신앙이 삶의 한 조각으로 전락하면서 영적 긴장감과 절박함이 점점 사라져 갔다. 하지만 이처럼 교회가 사막같이 메말라 가는 이 척박한 땅에서 꽃을 피워 올린 사람들이 바로 사막의 수도자들이었다. 이들이 삶의 터전을 떠난 것은 그들 나름의 보화를 보았기 때문이다. 이들의 보화는 세상 가치관을 확실히 뒤집어 놓은 것이었다.

> 압바 히페레키오스가 말했다. "수도자의 보물은 자발적인 가난이다. 형제여, 하늘에 보물을 쌓아 두자. 안식의 시간이 무한하기 때문이다."
> 『사막 교부들의 금언집』, 두란노아카데미, 120쪽.

세상의 가치를 거슬러 살면서 그리스도를 본받기 위한 영적인 절박함이 이처럼 포기와 가난의 삶으로 떠나게 했다. 떠남은 말 그대로 문제점들의 나열이나 예리한 분석이 아니라, 실제로 발걸음을 옮기는 결기 있는 행동이다. 간절한 염원이 스며 있어야만 일어나는 삶의 양태인 것이다. 간절한 염원은 수도자적 삶을 낳았고, 수도자적 삶은 사막의 꽃, 즉 하나님의 향기 나는 사람들을 잉태했다.

사막에 핀 꽃

사막은 메마르지만 전통적으로 하나님의 임재가 강같이 흐르는 곳이다. 모세와 엘리야가 불꽃 속에서 또는 세미한 음성 속에서 하나님과 강렬한 대면을 가졌던 곳이 광야였다. 세례 요한이 외친 곳도 광야였고, 예수께서 성령에 이끌리어 사탄의 시험을 받은 곳도 광야였으며, 바울 역시 회심 후 곧바로 아라비아로 갔는데 그것도 광야 체험이었을 것이다. 그리고 그는 이스라엘의 광야 체험은 그리스도인들의 믿음의 여정 고전 10:11 중 한 형태라고 가르친다. 이들 모두가 사막에서 하나님을 만나 부대끼며 눈물과 콧물을 쏟아내었고, 때로는 사탄과 처절한 싸움을 하면서 영적으로 형성되고 삶의 꽃을 피웠다. 사막의 수도자들 역시 그와 같은 전통을 이은 사람들이다.

가난한 사막에서의 하루하루는 하나님을 온전히 체험하기 위한 열망으로 채워졌다. 그들은 자신들의 육체적 필요를 줄여나가는 고행과 침묵, 규칙적인 기도와 자신을 성찰하는 삶에 투신하였다. 이 모든 훈련에는 절제와 분별이 밑받침되었다.

한 원로가 오이가 좀 먹고 싶었다. 그는 오이를 가

저다가 그걸 눈앞에 매달아 놓았다. 자신의 욕망에 지지 않았으나, 스스로 벌주면서 그 욕망을 뉘우쳤던 것이다. 「사막 교부들의 금언집」, 79쪽.

  수도자들은 세상을 떠나옴으로써 상대적으로 외부의 유혹에서 자유로웠지만, 위의 이야기에서처럼 절제하며, 깨어 분별하는 일을 게을리하지 않았다. 문제는 외부의 유혹이 아니라 그 유혹에 흔들리는 내면의 욕망이었다. 그들은 항상 속사람을 보시는 주님의 시선 앞에서 생활한다는 경각심을 지닌 채, 삶의 모든 조각들에서 하나님을 온전히 체험하기를 원했다.

  사막은 새로운 생명이 잉태되기가 어렵고, 생명이 있는 존재는 항상 존립 자체를 위협받으며 살아야 하는 곳이다. 생명보다는 죽음이 더 친근한 곳이다. 더 나아가 자신들의 안팎의 연약함 때문에 거룩한 삶을 단 하루라도 지탱해 가는 일이 거의 불가능한 것임을 철저히 깨달아야만 했던 곳이 바로 사막이었다. 수도자들은 물과 빵이 아닌 겸손으로 살아야 함을 체득해야만 했다.

복된 신클레티케가 말했다. "쐐기가 없으면 배의 나사를 조이는 것이 불가능하듯, 겸손 없이는 구원받을 수 없다." 『사막 교부들의 금언집』, 302쪽.

유혹을 이기기 위해 수도자들은 사막에서 겸손과 자비와 인내라는 꽃들을 피워 나갔다. 사막은 아프지만 치료를 제공했고, 고통스러웠지만 행복을 던져 주었다. 한낮의 뜨거운 기운은 그들이 평생 걸쳐왔던 옷가지들을 벗기기에 충분하였다. 감정과 지식에 치우친 껍데기와도 같은 하나님과의 피상적인 만남은 이글거리는 햇볕에 얼마 버티지 못하고 순식간에 녹아내렸다. 뜨거운 숨결을 지니신 하나님과의 대면은 영혼의 가식적인 껍데기를 완전히 벗겨 버렸다. 땅속에 깊이 박힌 단단한 바윗돌처럼 확고하게 안다고 믿어 왔던 하나님과 자신에 대한 지식을 완전히 포기하고 내려놓아야 했다.

밤하늘이 쏟아놓은 뭇 별들보다 많은 분심들과 유혹들이 자신들의 호흡 속에 깃들어 있음을 직시하게 되었고, 또 이것들을 부추기는 사탄의 위협을 온몸으로 체험했다. 자신이 얼마나 목이 뻣뻣하고 연약한 존재인지를 깨달을수록 하나님의 현존과

천상의 은혜를 향한 갈망과 회개의 삶은 더 깊어 갈 수밖에 없었다.

> 원로가 말했다. "우리가 우리의 그림자를 어디든 달고 다니는 것처럼, 우리가 있는 곳이라면 그곳이 어디든지 눈물과 애통이 뒤따라야 한다."
> 『사막 교부들의 금언집』, 61쪽.

애통함과 눈물 속에 그들은 다듬어져 갔다. 사막은 이처럼 표면적인 나가 아닌 근원적인 나를 발견하게 만들었다. 그리고 궁극의 존재이신 하나님과의 깊은 만남이 그곳에서 이루어졌다. 그로 인해 겸손과 환대, 자비와 인내가 싹터 나오면서 사막 곳곳에 꽃이 만발하였다. 이 같은 생생한 체험들이 깊어져 사막에 영적인 스승Abba, Amma들이 태어났다. 그리고 이들의 말 한마디는 타들어가는 제자들의 목을 시원하게 적셔 주었다. 그리고 도시에 있는 사람들, 왕과 법관들도 그 지혜를 듣기 위해 사막으로 찾아왔다. 결국 나일강의 넘쳐나는 물이 사람들의 타는 가슴을 해갈시켜 준 것이 아니라, 건조한 바람이 가득한 사막이 사람들과 도시에 생명수를 공급해 주었다.

떠남을 통해 피어나는 '절정'

최근 몇 년간 우리나라 개신교에 대한 진단과 비판이 어느 때보다 많이 쏟아져 나오고 있다. 면면이 살펴보면 한결같이 교회 토양이 점점 불모지가 되어 간다는 내용이다. 생명력을 잃었을 뿐 아니라 죽음의 증상이 만연하다는 암울한 진단이다. 사막화가 먼 나라 몽골에서만 진척되는 것이 아니라, 가까이 우리 교회 안에서 이루어지고 있다.

사막화되어 가는 한국 교회에 생명수가 절실하다. 생명수를 얻기 위해서는 진정한 신앙을 무너뜨리는 세력에 저항해야만 한다. 그 저항은 과거 교회의 사막화에 저항하여 사막으로 떠났던 수도자들처럼 우리의 사막을 찾아 떠나는 결기 있는 행동을 요구한다. 권력과 성공과 명예와 부에 대한 집착에 사로잡힌 한국 교회는 지금의 자리를 떠나지 않고는 새 땅을 밟을 수 없다. 이스라엘의 조상이요, 또 믿음의 조상인 아브라함은 본토를 떠남으로써 약속의 땅으로 들어갈 수 있었다. 지금 한국 교회의 황폐화는 완연하다. 하지만 만약 이 시대에 그리스도인들이 각자의 그리고 공동체의 사막을 찾아 떠난다면, 그래서 그들이 과거 이집트 사막이 수도자들로 '도시를 이루었던' 것처럼 많아진다면, 한국 교회는 떠남을 통해 피어나는 새로운 '절정'을 맞이하게 될 것이다.

내 현재의 자리는 어떤 곳인가? 지금 이 자리를 저항하며 사막을 향한 떠남이 있었던가? 나의 사막은 어디이고 무엇일까? 일상에서 나는 무슨 꽃들을 피워내고 있나? 우리야말로 바쁜 일상에서 잠시 물러나 사막의 독방cell에 거하며 이런 질문들과 씨름해야 되지 않겠는가? 아울러 간구해야 하지 않겠는가? 사막 수도자들이 스승에게 찾아와서 절박한 심정으로 외쳤던 말, "한 말씀만 하소서!"라고. 그러면 우리는 침묵과 고독 속에서 다음과 같은 말을 건져 올리게 될지도 모른다.

> 한 원로가 말했다. "말만 하는 것은 필요치 않다. 오늘날의 사람들은 말이 많다. 행동이 필요하다. 하나님께서 찾으시는 것은 행동이지, 열매를 맺지 못하는 말이 아닌 까닭이다." 『사막 교부들의 금언집』, 200쪽.

14

고상한 욕망

지라르의 렌즈로
본회퍼를 읽다

이경희 lovebible66@gmail.com

미국 새크라멘토 시온장로교회 청년 담당 목사이며, GTU의 박사 과정에서 기독교 영성학을 공부하고 있다. 성경이 어떻게 사람들의 삶을 변화시키고 영성을 고취할 수 있을지에 관심이 많으며, 이를 위한 방법론으로 폴 리쾨르의 해석학과 르네 지라르의 모방 욕망 이론을 연구 중이다.

고상한 욕망 : 지라르의 렌즈로 본회퍼를 읽다

본문에 인용된 글들은 디트리히 본회퍼가 쓴 다음의 책들에서 가져왔다. 『나를 따르라』(신앙과지성사, 2013), 『신도의 공동생활』(대한기독교서회, 2010), 『옥중서간』(대한기독교서회, 1995)The Letters and Papers from Prison(ECM Press, 1967). 또한 르네 지라르(René Girard)의 모방 이론과 문화, 문학 비평은 그의 책 『낭만적 거짓과 소설적 진실』(한길사, 2001), 『희생양』(민음사, 2007), 『나는 사탄이 번개처럼 떨어지는 것을 본다』(문학과지성사, 2004)에서 흥미 있게 접할 수 있다.

욕망의 출발

언어는 한 시대의 철학과 세계관을 반영한다. '사람'이라는 단어만 보더라도 각 문화권마다 그 단어에 대한 이해가 서로 어떻게 다른지 보여 준다. 우리가 속한 동양 문화권에서는 '사람'을 인간人間, 즉 사람人과 사람 사이間에서 정체성을 찾아가는 사회적 동물로 규정한다. 그래서인지 동양문화권에서 사람의 가치는 서열과 위계질서, 곧 사람들과의 관계 속에서 매겨진다.

한편 라틴어에서 '사람' humanus이라는 말의 어원이 '흙, 먼지' humus에 있다는 사실은 동양문화권과는 전혀 다른 발상이다. 그래서인지 라틴 문학의 거장 중 한 사람인 세네카Seneca는 『영혼의 치료자』에서 인간을 흙과 먼지같이 덧없는 여행을 하기 쉬운 존재로 그리고 있다. 그러면 히브리 문학은 인간을 어떻게 묘사할까? 히브리어에서 '인간' ish이라는 말은 '욕망 혹은 불덩이'*esh*에 그 어원을 두고 있다. 즉, 성경의 세계관에서 '인간'은 근원적으로 '욕망'과는 떼려야 뗄 수 없는 존재이다.

한 발 더 나아가 "네 이웃의 소유를 탐내지 말지니라."출 20:17는 십계명의 열 번째 계명을 보면, 인간의 탐욕(욕망)은 인간 내부에서부터 스멀스멀 올라오기보다는 외부로부터, 즉 타인이 가지고 있는 것을 '보고' 비로소 생기는 것이라 할 수 있다. 곧, 인간의 욕망은 타인이 가진 것에 자극받아 생겨나고 자신도 그것을 소유하기 위해 원 소유자 혹은 다른 사람과 긴장 관계를 형성해 결국 갈등이나 폭력에 이른다. 이는 곧 프랑스의 문학비평가 르네 지라르René Girard의 '모방 욕구'Mimetic Desire 이론이다.

욕망의 삼각형

지라르는 욕망의 삼각형 구도를 통해서 모방 욕구를 설명한다. 욕망의 주체인 '나'와 그 욕망을 불러일으킨 '라이벌' 그리고 그가 소유하고 있는 욕망의 '대상' 사이에 삼각형 구도가 형성된다는 것이다. 그는 이런 비유를 든다. 유치원의 한 어린아이(주체)는 수많은 장난감에 파묻혀 지낸다. 그러던 중 친구(라이벌)가 특정 장난감을 갖고 노는 순간 그 어린아이는 그 친구의 장난감(대상)에 '필이 꽂힌다.' 그리고 그것만이 자기의 재미를 성취할 수 있는 도구인 양 그것을 뺏기 위해 그 친구와 라이벌 관계를 형성한다.

이런 삼각형의 구도 속에서 '욕망의 주체'는 라이벌을 통해 비로소 갖고 싶은 것(욕망의 대상)을 알게 된다. 그리고 인간의 욕망은 갖고 싶은 것을 소유한 그 라이벌이 자기와 같은 공간이나 시간 안에 머물 때 갈등과 폭력을 만들어 낸다(내부적 모델/Internal Model). 그러나 그 라이벌이 나(주체)와 멀리 떨어져 있거나 서로 영향력을 주고받을 수 없는 경우에는 긴장의 관계보다는 동경의 관계로 남는다(외부적 모델/External Model).

이런 지라르의 모방 욕구 이론은 인간 욕망의 본질, 사회 구성원과의 관계, 더 나아가 종교와 문화를 이해하는 데 지대한 공헌을 한다.

그러면 지라르의 '모방 욕구 이론'이 우리의 욕망을 전적으로 설명할 수 있는가? 더 나아가 지라르는 욕망을 다스릴 수 있는 실마리를 제공하고 있는가? 우리의 욕망이 무조건 외부 자극에 의해 생긴다는 지라르의 '모방 욕구' 이론을 절대적으로 지지할 수는 없지만, 많은 부분 우리는 자신이 무엇을 욕망하는 지도 모른 채 다른 사람들이 욕망하는 것들을 무조건 모방하며 탐욕스러운 인생을 살고 있지는 않은지 돌아볼 필요가 있다. 다른 사람이 부장으로 승진하면 난 상무이사로 고속 승진하고 싶고, 다른 사람이 중계동 은행사거리에 33평 아파트를 사면 난 도곡동의 45평 고급 아파트에 살고 싶다. 다른 사람의 아들이 저 대학에 들어가면 내 아들은 적어도 이 대학에 들어가야 하고, 친구가 쌍꺼풀 성형으로 예뻐지면 나는 양악수술을 해서라도 더 예뻐져야 한다. 전혀 내 욕망이 아니던 것이 다른 사람으로 인해서 내 욕망이 되어 버린다. 우리네 인간사에 정말 내가 원하는 것이 무엇인지는 모른 채, 그저 다른 사람이 하는 것이 좋아 보여서 따라서 하는 '모방'만이 우리를 감싸고 사로잡아 버린다. 정말 내가 무엇을 원하는 것인지 차분히 앉아 스스로에게 물어볼 시간과 여유도 다 빼앗긴 채 말이다.

고상한 욕망

그럼 시시때때로 불과 같이 끓어오르는 우리의 욕망을 어떻게 다스릴 수 있는가? 독일의 신학자이자, 나치에 저항한 순교자 디트리히 본회퍼 Dietrich Bonhoeffer, 1906-1945는 우리네 인간이 욕망으로 가득 찬 존재임을 부정하지 않는다.

> *육체적 욕망은 이러한 사귐 안에서 날마다 죽음으로 몰아간다. … 무한한 탐심은 탐욕에 빠진 자를 세상에 속한 사람으로 만든다. 탐심을 품는 자는 세상의 재물을 탐낸다. 탐욕을 품는 자는 지배와 권력을 원하지만 자신의 마음을 바친 세상의 노예가 된다.* 디트리히 본회퍼, 「나를 따르라」, 신앙과지성사, 345쪽.

본회퍼에 따르면, 인간의 욕망은 하나님과 인간 사이의 사귐을 끊어 인간을 죽음에 이르게 한다. 그런데 이렇게 추한 욕망이 겉으로는 아름다운 모습으로 위장될 수도 있다. 그는 그리스도인들이 신자들의 공동체 안에서 자신의 욕망만을 추구하게 되면, 타인을 사랑한다는 이름으로 오히려 타인을 소유하고 정복하려 들 수 있다고 경고한다.

> *그 사랑은 어떻게든 타자를 소유하고 정복하려 든다. 오히려 이 사랑은 타자를 섬기는 것처럼 보*

> 이는 곳에서는 자신의 욕망만을 채우려 한다.
>
> 디트리히 본회퍼, 『신도의 공동생활』, 대한기독교서회, 38쪽.

이처럼 본회퍼는 그의 글 곳곳에 인간 안에 배태된 욕망을 적나라하게 서술하고 있다. 나아가 그는 우리의 열정을 자신의 탐욕을 태우는 데 쓰지 말고 더 고상한 것을 태우는 데 사용하라고 권면한다. 곧 '욕망을 누르라'거나 '참으라'고 말하는 일차원적 접근이 아닌, 그리스도께서 당하시는 고난의 현장에 자신의 열정과 욕망을 태울 것을 권한다. 비슷하게 헨리 나우웬(Henri Nouwen)은, 흔히 사람들은 갈망을 물리쳐야 하는 것으로 생각하지만, 존재하는 것은 곧 갈망하는 것이므로, 하나님께 대한 갈망이 다른 모든 갈망의 길잡이가 되어야 한다고 말한다. 그에게 있어서 영성 훈련이란 갈망을 몽땅 뿌리뽑는 것이 아니라, "갈망끼리 피차 섬기고 함께 하나님을 섬기도록 질서를 잡아주는 길이다." 헨리 나우웬, 『꼭 필요한 것 한 가지, 기도의 삶』, 복있는사람, 26–27쪽.

> 인간은 신을 상실한 세계에서 하나님의 고난에 동참하도록 부름을 받고 있다. 이 지점이야말로 종교적인 인간이 하나님에게 기대하고 있는 것과는 전면적으로 반대되는 지점이다. … 크리스챤들이 예수의 고난에 동참할 때 이교도들과 뚜렷이 구별된다.
>
> 디트리히 본회퍼, 『옥중서간』, 대한기독교서회, 226쪽

본회퍼는 옥중 편지를 통해 이렇게 하나님의 고난에 동참할 것을 절절히 외치다가 형장의 이슬로 사라졌다. 자신이 무엇을 갈구하는지도 모른 채 남의 욕망만을 좇아 '더 나은' 직장, 배우자, 집 등을 꿈꾸는 오늘날 기독교인들의 모습은 본회퍼의 관점에서 보면 세상에 아무런 영향력을 끼치지 못하는 '종교적 기독교인'들일 뿐이다. 그는 기독교인들이 하나님을 '흥신소'처럼 문제를 해결해 주는 신으로 전락시켰다고 날카롭게 지적한다.

> 나는 사람들이 하나님을 '임시방편'Stopgap의 신으로, 곧 늘 우리 삶의 변두리 문제들만 처리하는 존재로, 그리고 인간들이 자기 멋대로 하다가 안 되면 '주여!'라고 외치는 끝점에서 일하는 존재로, 혹은 [연극이나 영화에서처럼] '급할 때 호출하면 나타나 문제를 해결하는 신'Deus ex machina으로 여기는 것을 진저리치며 혐오한다. 주님의 자리는 우리의 가장 중심이어야 한다. 「옥중서간」Letters and Papers from Prison, ECM Press(1967), 152.

'비종교성'이 필요한 시대

'Deus ex machina'는 문자적으로 '기계 장치의 신'이라는 뜻의 라틴어이다. 이 말은 고대 그리스의 연극에서 신들gods이 기계 장치를 타고 등장해서 복잡한 내용을 해결한 데서 유래했다. 마치 오늘날 영화에서 '슈퍼맨'처럼 극적인 상황에서 나타나 문제를 해결하는 존재인 것이다.

본회퍼는 현대 그리스도인들이 하나님에 대한 참된 믿음 없이 하나님을 삶의 주변부로 밀어내고, 마치 '기계 장치의 신'처럼 필요할 때만 하나님을 불러내어 '이용'하는 '종교성'을 비판하였다. 그래서 그는 이런 종교적인 껍데기를 벗은 '비종교적 기독교'가 참 기독교라고 말한다. 다시 말해 자신의 탐욕을 위해 신을 슈퍼맨처럼 이용해 먹는 '종교성'을 벗고 내 몸을 세상의 약자들과 정의를 위해 내던지기를 추구하는 '비종교성'이 바로 우리의 욕망이 지향해야 할 바라고 그는 믿었다. 그곳이 바로 예수 그리스도의 고난에 동참할 수 있는 고상한 지점이다.

우리는 무엇을 욕망하는가? 아직도 그 욕망, 그 불덩이가 내 안에서 다 채우지 못한 탐욕만 태우고 있는가? 채우지 못해 허덕이는 열등감, 그래서 얻은 상처와 분노, 그리고 억울함의 굴

레에서 벗어나지 못하고 있지는 않은가? 더 고상한 삶을 갈망하라고 주신 사명(불덩이)은 내동댕이친 채, 내 동료와 이웃과 이 세상이 욕망하면 나도 더 이상 질문하지 않고 그렇게 욕망하며 살지는 않는가? 더 좋은 직장, 더 편한 미래, 더 많은 돈벌이와 박수 소리를 찾아다니는 세상의 욕망에 사로잡혀 나도 그렇게 욕망하고 있지는 않는가? 작금의 신자들과 목회자들 그리고 교회들이 그러하지는 않은가?

본회퍼는 당시 독일 교회처럼, 자신들의 입신과 세속적 영달을 욕망하는 교회는 세상의 쓰레기가 될 것이라고 질책한다. 오히려 그는 차라리 욕망하려면 좀 더 고상한 것을 욕망하라고 권고한다. '신의 고난에 동참'하기를 욕망하라고 그리스도인들을 향해 준엄히 권고한다. 헐벗고 외로워하는 이들, 불의에 내동댕이쳐진 이들, 그래서 스스로에게는 아무런 소망이 없는 이들과 함께 내 열정을 다 태우는 순간 내 욕망은 고상한 별이 되어 누군가를 밝히게 된다.

그런 '비종교적 기독교'가 참 기독교요, 그런 고상한 욕망을 좇아 살아가는 신자들이 진정 예수를 만남으로 인간의 전존재적인 전환을 경험한 자들이다.

예수 그리스도와의 만남, 그것은 인간의 전존재의 전환이 일어나는 경험이요. 예수처럼 오직 타인을 위해 존재하는 경험이다. 「옥중서간」, 209쪽.

15

타락한 교회 밖에서 길을 찾다

조지 폭스 '침묵'과
존 버니언의 '이야기'

정승구　　sori73@gmail.com

미국 프리몬트의 로고스교회 목사이며, GTU의 박사 과정에서 기독교 영성학을 공부하고 있다. '레비나스(Emmanuel Levinas)의 타자 윤리학에 기초한 해석학적 영성'을 연구하고 있다.

타락한 교회 밖에서 길을 찾다 : 조지 폭스의 '침묵'과 존 버니언의 '이야기'

조지 폭스의 일기는 그가 죽은 후 그의 친구 토마스 엘우드(Thomas Ellwood)에 의해서 편집되어 1694년에 처음으로 출판되었다. 이후 여러 사람들에 의해 다시 편집되고 출판되기를 거듭해 왔는데, 우리말 번역본으로는 '세계기독교고전 시리즈' 중 하나로 출간한 『조지폭스의 일기』(크리스챤다이제스트, 2001)가 있다.

Spiritual but not Religious!

'영적이지만 종교적이지 않다.'는 이 문구는 영적인 삶을 추구하면서도, 제도와 형식의 틀에 갇힌 종교를 거부하는 현대 미국인의 신앙 풍조를 일컫는 말이다. 요즘엔 이 문구의 약자인 'SBNR'이 하나의 관용어가 될 정도로 이 부류에 속한 사람들의 수가 급격히 증가하고 있는데, 한국도 예외가 아닌 듯하다. 이와 같은 현상이 나타나는 데에는 여러 가지 이유가 있겠지만, 교회의 세속화로 인한 성직자의 타락과 신앙의 변질이 SBNR 현상의 결정적인 원인을 제공하고 있음을 부인할 수 없다.

기독교 역사를 살펴보면, 오늘날의 SBNR과 비슷하게 제도 교회에 대한 회의 가운데 영적 삶을 갈구한 사람들의 이야기를 만날 수 있다. 그들 중 위대한 영성가들은 제도 교회에 대한 실망으로 인해 기독교 신앙을 던져 버리기보다는 오히려 대안적 영성을 제시하며, 제도 교회에 실망하고 상처 입은 사람들을 더 깊은 신앙으로 이끌었다. 그러므로 신앙의 선조들이 조직으로서의 교회에 대한 개인적·사회적 절망을 넘어 어떻게 하나님을 추구하였는지 살펴보는 것은 SBNR 시대를 살아가는 우리에게 지혜와 희망을 제공해 줄 것이다.

조지 폭스와 '침묵' 속의 음성

> 목사들의 세상적인 생각은 내 삶에 상처가 되었다. 그래서 사람들을 뾰족집[교회]으로 불러들이는 종소리를 듣기가 괴로웠다. 그것은 마치 목사들이 자신의 상품을 팔기 위해 사람들을 불러 모으는 시장의 종소리처럼 들렸기 때문이다. 최고의 주교에서 가장 낮은 사제에 이르기까지 성경을 팔아 설교를 통해 벌어들인 그 엄청난 돈이란! 세상에 어떤 장사와 비할 수 있겠는가? 조지 폭스, 「조지 폭스의 일기」, 크리스챤다이제스트, 91쪽

조지 폭스George Fox, 1624-1691가 살던 영국은 정치, 사회, 종교적으로 매우 혼란스러운 시기였다. 영국의 기독교는 정치적인 이유에서 가톨릭으로부터 독립하였지만, 여전히 가톨릭의 제도와 형식을 많이 유지하고 있는 '국교도'와 가톨릭으로부터의 완전한 독립을 요구하는 '청교도'로 분열되어 있었다. 공화정이 출현하면서 국교회를 지탱하던 왕권이 약화되자 장로교, 침례교(재세례파), 랜터파(Ranters, 열광주의자들) 등 크고 작은 집단들이 각기 개혁을 외치며 쏟아져 나왔다. 이러한 다양한 분파의 출현은 오히려 사람들을 혼란에 빠뜨렸다.

이러한 시대의 한복판에서 조지 폭스 역시 심각한 영적 혼란과 영혼의 방황을 경험했다. 그는 그 고통에서 벗어나고자 다양한 교파의 여러 목사들과 구도자들을 찾아다녔다. 그렇지만 그가 만난 목회자들이나 구도자들은 그의 영적인 갈급을 채워 주기는커녕 지극히 세속적인 모습으로 실망만을 안겨 주었다. 심지어 어떤 이들은 해결책으로 술과 흡연을 지시하기도 하였다. 폭스의 눈에 비친 성직자들의 모습이란 성직을 도구로 장사를 하는 장사치에 지나지 않았다. 성직자들이나 설교가들 중 아무도 그를 영적 혼란과 방황에서 건져 주지 못했기에 폭스는 커다란 절망에 빠졌다. 그런데 이때 그에게 한 음성이 들렸다. 이 경험을 그는 일기에 이렇게 적고 있다.

> 이제 외부적으로 나를 도와주고, 내가 무엇을 해야 할지 말해 줄 사람은 아무도 남지 않았다. 바로 그때, "너의 상태를 말해 줄 단 하나의 존재는 바로 예수 그리스도다."라는 음성을 들었다. 그 음성을 들었을 때, 내 마음은 기쁨으로 요동쳤다. … 그리스도는 나를 깨우치셨으며 자신의 빛을 내게 주어 믿도록 하셨다. 그분은 내게 희망을 주셨으며 내 속에서 직접 희망을 나타내 보이셨으며, 내게 그의 영과 은혜를 주셨다. 『조지 폭스의 일기』, 71-73쪽.

줄곧 외부로부터 도움을 찾던 폭스는 1946년 어느 날 자기 내면에서 들려오는 소리에 눈을 떴다. 그는 이 체험을 통해 인간은 각자 하나님으로부터 내면의 빛 Inner Light을 받았으며, 하나님의 영은 그 내면의 빛을 바라보는 사람에게 직접 말씀하시고, 그들을 생명과 진리로 이끄신다는 것을 확신하였다. 이 체험은 곧 폭스의 소명이 되었다.

> 나는 사람들을 그들 자신의 길에서 불러내어 새롭고 산 길이신 그리스도에게로 인도하라는, 사람들이 만들어서 모이는 교회에서 불러내어 하나님의 교회로, 그리스도가 머리이신 교회로 인도하라는 … 세상의 예배들로부터 떠나게 하라는 … 명령을 받았다. 『조지 폭스의 일기』, 88-89쪽.

이것이 '친우회' 혹은 '형제회'The Religious Society of Friends의 시작이다. 하나님의 계시가 임하면 '몸이 떨렸다.' 하여 사람들은 그들을 퀘이커Quaker라고 불렀다. 그들은 기존의 교회에서 하나님을 경험하기 위해 사용한 모든 수단들, 이를테면 예배 음악, 성직자들의 설교, 성례의식을 일체 거부하고 오직 하나님께서 우리 내면에 말씀하시는 빛의 소리만을 듣기 위해 침묵하는 예배를 발전시켰다. 이렇게 교회의 제도나 다른 은혜의 수단들을 거부하고 직접적인 계시를 강조하였기에, 조지 폭스는 당시 영국 국교회뿐 아니라 다른 개혁주의 목사들로부터도 핍박을 받았으며, 수차례 감옥을 드나들어야 했다.

조지 폭스에 의해 시작된 퀘이커 교파는 한국에서 몇 차례 이단 시비에 휘말리기도 했다. 하지만 퀘이커가 영적인 갈급함을 호소하는 구도자들에게 아무런 해결책을 제시하지 못한 분열되고 타락한 제도 교회를 배경으로 발생했다는 점을 염두에 두어야 한다. 현재의 퀘이커 교회들은 부분적으로 목회자나 리더들을 인정하고 음악 예배 형식 등을 수용하기도 한다. 한 가지 주목할 점은 한국이나 미국에서 '직접적인 하나님 경험'을 추구하는 집회들이 요란한 음악이나 통성기도 같은 '열광적인' 방법을 추구하는 경향이 많지만, 퀘이커는 외적인 방법을 차단하고 철저히 침묵을 통한 자기 내면의 성찰과 기도를 통해 하나님을 경험하고자 했다는 사실이다.

존 버니언과 '이야기'

전 세계에서 성경 다음으로 많은 사람들이 읽었다는 『천로역정』 The Pilgrim's Progress 의 저자 존 버니언 John Bunyan, 1628-1688은 조지 폭스와 동일한 혼란기를 살았다. 가난하고 불우한 어린 시절을 보냈던 버니언은 종교를 끔찍이 혐오하며 방탕하게 살다가 독실한 신자인 아내를 만나게 되었다. 아내는 결혼을 하며 두 권의 책, 『보통 사람이 천국으로 가는 길』 *The Plain Man's Path to Heaven*, 『경건의 실천』 *Practice of Piety*을 가지고 와서 버니언에게 읽어 주었는데, 그는 이 책들을 통해 경건한 삶을 살기로 작정하고 그리스도인이 되었다.

주위 사람들이 놀랄 정도로 외적으로 변화된 삶을 살고 있을 때, 버니언은 길을 지나다가 동네 아낙네들이 모여 그들 안에 일어나는 영적 시험, 사탄의 방해, 그리고 하나님의 섭리와 거듭남과 같은 일들을 이야기하는 것을 우연히 듣게 되었다. 평소 사람들의 칭찬으로 은근히 자기 신앙에 자부심을 느끼던 버니언은 아낙네들로부터 자기가 경험하지 못하고 이해할 수 없는 이야기를 들으며 자신의 영적 무지를 깨닫고 큰 충격을 받았다.

결국 버니언은 이 충격을 극복하기 위해 성경을 깊이 파고들었고, 점점 더 깊은 진리에 눈 뜨게 되었다. 그리하여 급기야 자신이 속한 작은 공동체의 설교자가 되지만, 이 공동체 역시 국교회를 반대하는 무리였기에 그는 12년간 옥살이를 해야 했다. 『천로역정』은 이 수감생활 중에 쓴 역작이다.

> 나는 복음에 따라 살아가는 우리 시대 신자들의 생활양식과 신앙생활에 관해서 글을 쓰려고 하다가, 어느덧 그들의 인생 여로와 구원의 영광에 이르는 길에 관한 비유를 구상하고 20가지가 넘는 비유를 정리하게 되었다. 그리고 나니까 20가지의 비유가 생겨났다. 그런데 이 비유들은 불타는 석탄에서 튄 불똥들이 사방으로 날아가듯 점점 늘어나기 시작했다. 존 버니언, 『천로역정』, 해누리, 14쪽.

이렇게 버니언은 책과 성경, 그리고 사람들의 이야기를 통해 하나님을 만나고, 이야기를 통해 자기가 경험한 진리를 전하고자 했다. 갖가지 비유들과 이야기들로 구성된 『천로역정』이 세상에 나왔을 때, 어떤 이들은 원고를 없애라고 비난했다. 이 책이 모호하게 꾸며 낸 이야기를 통해 사람들을 익사시키고, 비유를 통해서 눈을 멀게 한다는 이유에서였다. 그러나 버니언은 그들의 비난에 이렇게 맞선다.

> 내가 은유나 비유로 이야기한다고 해서 진실성이

> *없다는 말인가? 하나님의 말씀과 복음의 계명들 역시 상징, 은유로 주어지지 않았는가? … 이러한 것들을 통해서 간직한 빛과 은총을 발견하는 사람은 행복하다. … 비유 속에는 채굴할 가치가 있는, 그것도 온갖 노력을 다 기울여서 채굴해야만 하는 황금과 진주와 보석들이 묻혀 있는 것이다.*
>
> 『천로역정』, 17-18쪽.

버니언은 자신의 경험을 통해서 은유와 비유, 이야기가 진리를 전달하고 경험하는 탁월한 매개 수단이라고 확신했다. 조지 폭스가 타락한 제도 교회와 성직자들로부터 눈을 돌려 오직 '내면의 성찰과 침묵을 통한 직접적인 계시'에 집중했다면, 존 버니언은 '책과 성경'에 집중함으로써 자신만의 '이야기'를 발전시켰다. 같은 시대에 똑같이 영국 국교회에 반대해서 거리에서 설교를 하다가 감옥에서 생의 한 부분을 보내야 했던 거리의 설교가 폭스와 버니언은, 같지만 다른 방법으로, 다르지만 순전한 영적 갈망으로, 혼란을 넘어 제도 교회 밖에서 길을 찾아 나갔다.

새로운 길을 찾아서

개신교는 영어로 'Protestant'이다. '저항'protest하는 사람들이라는 뜻이다. 종교개혁Reformation은 이전 것을 허물고 다시re 형성formation한다는 뜻을 내포한다. 무엇에 저항하고 무엇을 다시 형성한다는 말인가? 이미 제도화, 형식화, 세속화된 '죽은 종교'에 저항하여, 영적 순수성과 생동감을 가진 신앙을 다시 형성한다는 의미 아닐까? 이러한 재형성reformation은 16세기 종교개혁으로 끝난 것이 아니라, 우리가 하나님 나라에 들어갈 때까지 계속되어야 할 신앙 운동이다. 기독교가 '비종교적'이어야 한다고 역설한 디트리히 본회퍼Dietrich Bonhoeffer, 1906-1943도 이러한 개혁 정신을 계승, 실천했다.

"Spiritual but not Religious!" 이 말에 사람들이 더 이상 교회에 오지 않는다며 비관하고 푸념할 수도 있지만, 이러한 풍조를 '재형성'을 통해 새로운 길을 찾아 나서라는 초대로 받아들일 수도 있다. 과거의 명성을 빛바랜 훈장처럼 달고 사람 없는 큰 건물만을 관리하는 '종교적인'Religious 교회로 남을 것인가, 아니면 끊임없이 스스로를 개혁하여 SBNR도 품을 수 있는 영적인spiritual 교회로 생명력을 이어갈 것인가는 현재 한국과 미국의 개신교회가 직면한 시급한 과제이다. 조지 폭스와 존 버니언이 제도화, 형식화된 교회를 넘어 '침묵'과 '이야기'를 통해 새로운 길을 찾아 나간 역사는 오늘 SBNR 시대를 살아가는 그리스도인들에게 희망과 가능성을 제시해 준다.

16

영성 생활은 리듬이다

『베네딕트의 규칙서』와

규칙의 재발견

이강학   leekhch@gmail.com

〈산책길 기독교영성고전학당〉의 대표 연구원이며, 햇불트리니티 신학대학원에서 실천신학(기독교 영성)을 가르치고 있다. GTU에서 기독교 영성학으로 철학박사 학위를 받았으며, 『영적 분별의 길』을 번역하였다. 주로 영성 지도, 영성 훈련, 영적 분별 등을 주제로 연구하고, 강의하며, 실습하고 있다.

영성 생활은 리듬이다 : 『베네딕트의 규칙서』와 규칙의 재발견

본문에서 인용한 글들은 모두 누르시아의 베네딕트가 쓴 『베네딕트의 규칙서』(KIATS, 2011)에서 가져온 것이다. '리듬'에 대한 이해는 마조리 톰슨의 『영성훈련의 이론과 실천』 *Soul Feast*(은성, 2005) 9장에 잘 나타나 있다.

규칙, 영성과 공동체의 교차로

한국 교회의 미래에 대한 불안감이 팽배한 요즘, '영성' 또는 '공동체'에 대한 관심이 다시 살아나는 것은 불행 중 다행이다. 영성에 대한 관심의 배경에는 개인과 교회를 변화시키는 힘이 하나님을 만나는 경험에서 나온다는 인식이 있기 때문이고, 공동체에 대한 관심의 배경에는 자본주의 가치관에 교회가 무기력하게 휩쓸리게 된 원인이 공동체성의 상실에 있다고 보기 때문인 것 같다. 그리고 영성과 공동체의 교차로에 '규칙'rule이 자리하고 있다.

규칙의 관점에서 볼 때, 현대 한국 개신교회들은 역사상 가장 규칙이 없는 교회들이며, 설사 교회가 세운 규칙들이 있다고 하더라도 공동체의 구성원들이 가장 규칙을 지키지 않는 교회들이다. 현재 있는 규칙들도 철 지난 것이 많다. 한마디로 한국 교회의 많은 지도자들이 규칙의 중요성과 필요성을 인식하지 못하고 있다.

공동체의 구성원들을 위해 규칙을 세우지도 않고, 스스로도 규칙을 지키지 않는다. 규칙을 세운 동기 자체가 의심 받고 있어서 규칙을 강조해도 성도들은 잘 설득되지 않는다. 또한, 좋은 규칙이 있더라도 포스트모더니즘 성향을 보이는 현대 기독교인들은 규칙이란 단어에 오해를 갖고 있어서 거부감을 일으킨다. 규칙과 자유를 상호 대립되는 것으로 이해하며 어떤 것이든지 규칙에 얽매이는 것 자체를 싫어한다. 그러나 영성과 공동체의 교차로에 존재하는 규칙을 도외시하고서는 나와 교회 공동체가 새로워지는 일은 결코 일어나지 않는다. 그러면 규칙이란 무엇인가?

영성 생활 규칙, 그 뿌리와 기능

브리태니커 사전에 의하면 규칙이란 "다 함께 지키기로 정한 사항이나 법칙"을 말한다. 무릇 함께 생활하는 공동체라면 구성원들이 행복한 생활을 할 수 있도록, 함께 식사하는 시각, 잠자리에 들고 일어나는 시각 등 최소한 몇 개의 규칙이 있게 마련이다. 영적인 가치를 함께 추구하는 영적 공동체는 그 지향하는 가치관을 형성하기 위한 규칙들이 있다.

성경에서도 하나님의 백성 공동체가 '하나님 나라 백성'이라는 정체성을 형성하고 유지하기 위해 사용하는 영성 생활을 위한 규칙들은 쉽게 발견할 수 있다. 예를 들면, 구약성경에는 매년(유월절·초막절·수장절·속죄일 등), 매월(월삭), 매주(안식일·금식) 그리고 매일(아침과 저녁 제사) 단위로 반복해서 지켜야 하는 절기들과 규칙들이 있다. 신약성경에도 예전禮典과 관련해서는 주일과 성만찬에 대한 언급이 있고, 매일 기도와 매주 두 차례의 금식과 관련된 규칙이 있었음을 확인할 수 있다. 초대교회 이후로 예수 그리스도의 생애와 관련해서 일 년 단위로 반복해서 지키는 절기들(대림절·성탄절·주현절·사순절·부활절·오순절 등)이 새롭게 확립되었고, 세례와 성만찬을 비롯한 성례전에 대한 규칙들이 더욱 정교해졌다.

다음으로 영성사를 살펴보면 영성 생활에서 '규칙'이 참 중요한 역할을 한다는 생각이 든다. 영성 고전에는 규칙이란 단어가 자주 등장한다. 『파코미우스의 규칙』*The Rule of Pachomius*, 『아우구스티누스의 규칙』*The Rule of Augustinus*, 『베네딕트의 규칙』

The Rule of Benedict, 『프란치스코의 규칙』*The Rule of Francis* 등 수많은 규칙서가 수도원 운동의 뼈대로 기능했다. 종교개혁 이후에 개신교는 수도원 규칙들은 물론 로마 가톨릭의 교회법과 같은 전통적으로 내려오던 명문화된 규칙들은 버렸지만, 그렇다고 해서 영성 생활에서 규칙의 긍정적 기능 자체를 무시한 것은 아니었다. 예를 들어 개신교 영성 운동의 중요한 한 흐름이었던 청교도는 가정을 수도원화했다는 평가를 받기도 하는데, 청교도 가정에서는 영성 생활 규칙들이 가부장인 아버지의 엄격한 감독 아래에 준수되었다. 가정에서 행해진 하루 세 번의 기도와 성경 읽기가 대표적인 예이다.

그런데 규칙서들이 영성 고전으로서 가치 있는 내용들을 담고 있기는 하지만, 현대인이 그 규칙을 영성 생활에 적용하기에는 엄격한 내용들이 너무 많은 것 또한 사실이다. 또한 규칙을 지나치게 강조하면 극단으로 흐를 가능성이 있다는 두려움이 들기도 한다. 예수님 당시 바리새파의 율법주의가 그 대표적인 예이다. 율법주의 경향은 규칙을 강조하던 수도원 운동에서도 수시로 나타났고, 가장 가깝게는 현대 개신교 근본주의에서도 발견된다. 그렇다면 규칙의 과도한 엄격성과 율법주의를 경계하면서도 영성 생활에서의 순기능을 회복하는 방법은 무엇이 있을까?

로렌스 커닝햄Lawrence Cunningham에 따르면 규칙은 훈련training의 필수요소로, 적용되는 대상에게 내면화되면 더 이상 필요가 없게 된다. 예를 들어 부모가 자녀에게 "잠을 자기 전에 반드시 양치질을 해야 한다."고 거듭해서 이야기하면 자녀들은 싫든 좋든 부모의 지시를 따라 양치질을 하게 되고, 그것은 곧 습관이 된다. 그리고 그들은 어느 순간부터 양치질을 하지 않으면 잠을 잘 수 없게 된다. 이 단계에 이르면 부모가 세운 양치질 규칙은 더 이상 필요가 없다. '양치질 규칙'의 목적은 자녀가 건강한 치아를 평생 유지해서 행복한 삶을 사는 것이다.

영성 생활에서 규칙도 이와 비슷한 역할을 한다. 영성 생활의 목적은 다양하게 표현되어 왔지만 일반적으로 '예수 그리스도를 닮은 성품의 형성'이라고 할 수 있다. 그리고 영성 생활 규칙은 그런 성품을 형성하기 위해 도움이 된다고 여겨지는 '삶의 원칙과 방식'이다. 규칙 준수 자체가 삶의 목적이 아니라, 예수 그리스도의 성품 형성이 목적임을 망각하면 안 된다. 규칙이 목적에 위배되거나 목적을 이루는 데에 효과가 없다고 경험적으로 밝혀진다면, 그 규칙은 언제든지 공동체의 합의로 폐기되거나 수정될 수 있어야 한다.

베네딕트의 규칙 맛보기

이제 영성 고전 중 하나를 선택해서 '규칙의 재발견'을 시도해 보자. 영성사에 나오는 규칙들 가운데 가장 영향력 있었던 규칙서는 6세기의 『베네딕트의 규칙』이다. 이 규칙서는 수도 공동체를 "주님을 섬기기 위한 '학교'schola"로 이해하고 있으며, 수도원에 소속되어 수도원장의 지도 아래에 있는 수도자들을 대상으로 한다. 누르시아의 베네딕트Benedict of Nursia, 480-547는 서론과 총 75장으로 구성된 규칙서에서, 수도원장을 비롯한 각종 직무들의 역할, 성무일도, 노동, 입회 절차 등 수도 공동체에서 생활하는 데 필요한 거의 모든 것들을 성경의 원칙을 바탕으로 자세하게 기술했다. 베네딕트 수도회의 영성이 이 규칙서에 모두 담겨 있다고 할 수 있다.

잘 알려진 특징은 기도와 노동의 균형 잡힌 생활인데, "기도하며 노동하라"ora et labora는 베네딕트회의 모토에 잘 담겨져 있다. 이 모토를 포함해서 규칙서의 내용들은 교단을 막론하고 공동체를 세우려는 모든 기독교인들에게 지혜와 영감을 제공해 준다. 지면 관계상 두 가지 규칙만 좀 더 자세히 들여다보고자 한다. 먼저 "제7장 겸손"에는 '겸손의 사다리 12단계'가 기술되어 있다. 이 단계들은 자신의 겸손이 어느 수준에 와 있는가를 알게 해주는 지표들이다. 그 중 몇 가지 지표들은 다음과 같다.

> 겸손의 첫 번째 단계는 인간이 "그의 눈앞에 하나님 경외함을 두고", 이를 결코 잊지 않는 것이다. … 겸손의 두 번째 단계는 인간이 자신의 뜻을 좋아하지도 않고, 자신의 욕구가 충족되는 것을 기뻐하지도 않는 것이다. … 겸손의 세 번째 단계는 하나님에 대한 사랑 때문에 상급자에게 전적으로 순종하는 것이다. … 겸손의 네 번째 단계는 이와 같이 순종할 때에 그것이 어렵고 [자신이 원하는 것과] 반대의 일이라 할지라도, 또는 심지어 어떤 종류의 피해를 입는다고 해도 마음으로 잠잠히 고통을 품고, 약해지거나 도망치려고 하지 않고

그 고통을 감내하는 것이다. … 겸손의 다섯 번째 단계는 마음속에 들어온 어떠한 악한 생각이나, 남모르게 지은 잘못까지도 수도원장에게 겸손하게 고백함으로써 숨기지 않는 것이다.「베네딕트의 규칙서」, KIATS, 39-44쪽.

위의 단계들 가운데 첫 번째 단계인 '하나님 경외함을 잊지 않음'에 대해서는 대부분의 현대 기독교인들이 공감하고 실천하려고 할 것이다. 그러나 두 번째 단계부터는 적용하기가 정말 어렵다. 우리는 현대 심리학에 따라 먼저 자신의 뜻과 욕구를 있는 그대로 알아차리고 존중하는 것이 정신 건강에 더 유익하다고 주장하는 시대에 산다. 또한 자신이 속한 교회 공동체의 영적 지도자를 전적으로 신뢰하면서 순종하기 어려운 시대에 살고 있다. 더욱이 자기 마음의 악한 생각이나 남모르게 지은 잘못을 영적 지도자에게 고백하는 일 역시 쉽지 않다. 겸손의 단계들을 실천하는 것이 베네딕트 당시에도 쉬운 일이 아니었겠지만, 현대 사회는 더욱 힘든 상황이 되고 말았다. 예수 그리스도의 겸손을 닮으려는 목표를 가지고 한 마음으로 모인 공동체가 아니라면 겸손의 단계들은 적용하기가 어렵다. 그런 환경이 마련되지 않았는데도 불구하고 겸손의 훈련이라면서 순종을 강요하는 영적 지도자가 있다면 그것은 폭력이나 마찬가지다.

다음 구절에는 겸손의 열두 단계 규칙들을 내면화한 이후에 오는 경험이 잘 묘사되어 있다.

> 이와 같은 겸손의 모든 단계를 거친 후에 수도자는 재빠르게 모든 두려움을 내쫓는 하나님의 완전한 사랑에 도달하게 될 것이다. 이러한 사랑을 통해서만 이제 그는 자신이 한때 두려움으로 행했던 모든 것을 아무 노력 없이, 즉 자연적으로, 습관인 것처럼 준수하기 시작할 것이다. 곧, 더 이상 지옥의 두려움 때문이 아니라 그리스도에 대한 사랑과 선한 습관과 덕을 즐거워함으로 인해 그것들을 준수할 것이다. 주님께서 이 모든 것들을 이제 죄와 악으로부터 정결하게 된 그분의 일꾼 안에서 성령님으로 말미암아 은혜롭게 나타내

실 것이다. 『베네딕트의 규칙서』, 47쪽.

베네딕트에 따르면, 수도자가 겸손의 힘든 단계들을 거치는 이유는 "모든 두려움을 내쫓는 하나님의 완전한 사랑요일 4:18에 도달하게 될 것"이라는 희망과 믿음 때문이다. 그 결과 "두려움으로 행했던 모든 것을 아무 노력 없이, 즉 자연적으로, 습관인 것처럼 준수"할 수 있게 되기를 갈망하기 때문이다. 이상적으로 말해서 이 경험에 이르면 더 이상 규칙은 필요하지 않게 될 것이다. 그러나 실제로 우리는 평생에 걸쳐서 규칙이 필요하다는 것을 알게 된다. 왜냐하면 이 세상에서 완전한 사랑에 이르는 것이 거의 불가능하다는 것을 경험하기 때문이다.

두 번째 규칙은 '성무일도' 聖務日禱에 관한 것이다. 성무일도는 거룩한 직무로서 기독교인들이 매일 공동체적으로 참여하는 '하나님의 일'을 일컫는다. 구체적으로 시편을 중심으로 한 성경 본문, 기도문 낭송 등으로 구성되어 있다. 베네딕트가 주장하는 성무일도의 취지는 제16장에 잘 나타나 있다.

선지자는 "내가 하루 일곱 번씩 주를 찬양하나이

다."시 119:164라고 고백했다. 만일 우리가 새벽기도, 제1시 기도, 제3시 기도, 제6시 기도, 제9시 기도, 저녁기도, 그리고 마지막 기도의 의무를 이행한다면, 우리는 일곱이라는 거룩한 수를 채울 수 있을 것이다. 왜냐하면 그가 "내가 하루 일곱 번씩 주를 찬양하나이다."라고 말한 것은 주간의 시간들이기 때문이다.

그 선지자가 야간기도에 관해서 이렇게 말했다. "내가 주를 찬양하기 위해 밤중에 일어났나이다." 시 119:62 그러므로 우리는 이와 같은 때에, 즉 새벽기도, 제1시 기도, 제3시 기도, 제6시 기도, 제9시 기도, 저녁기도, 그리고 마지막 기도 시간에 "그분의 의로운 심판"으로 인해 우리의 창조주를 찬양해야 한다. 그러므로 "그분을 찬양하기 위해서 밤중에 일어나자." 『베네딕트의 규칙서』, 56쪽.

베네딕트를 비롯하여 과거의 수도원 설립자들이 시편 기자의 말씀에 얼마나 큰 감동과 도전을 받았을지 충분히 이해가 된다. 그래서 베네딕트는 성무일도 규칙에서 수도자들이 하루 일곱 번 또는 여덟 번에 걸쳐 하나님께 예배를 드릴 것을 요구한다. 매일 아침 새벽예배를 가거나 큐티를 하는 것조차 힘들어하는 현대 기독교인들에게, 일곱 번 또는 여덟 번, 즉 3시간마다 한 번씩 예배를 드리라고 하는 아이디어는 지극히 비현실적이다. 일정한 곳에 자리를 잡고 머물러 사는 정주定住 수도회에서만 가능한 일이다.

실제로 이후에 등장한 탁발托鉢 수도회는 도시 안에서 돌아다니면서 활동했기에 성무일도 규칙을 수정할 수밖에 없었다. 하물며 자본주의 시대를 사는 현대 목회자들과 직장생활을 하는 그리스도인들에게 성무일도 규칙은 비현실 그 자체이다.

하루 종일 말씀을 묵상하고 예배드리는 삶을 사모하는 기독교인은 많다. 그러나 그렇게 하기에는 현대인의 생존은 녹록치 않다. 그렇다면 과연 〈베네딕트의 규칙〉은 현대 기독교인들에게 비현실성을 넘어서서 어떤 의미를 던져 줄 수 있는 것일까?

'규칙의 재발견'을 위하여

영성 생활 규칙을 담고 있는 영성 고전을 읽고 감동을 받기는 쉽지만 적용하기는 정말 어렵다. 그러므로 읽기의 감동이 삶의 변화로 이어지려면 그런 영적 열망을 공유하고, 규칙들을 적용할 공동체가 먼저 존재해야 한다. 사막 은수자隱修者의 개인주의적 영성의 성공률은 지극히 낮다는 것이 존경받는 영성가들의 판단이다. 그러므로 다시 공동체가 중요하다. 공동체가 희망이다.

영성 생활 규칙을 적용할 때 부딪히는 한계를 돌파하는 또 하나의 현대적 아이디어는 규칙을 리듬rhythm으로 이해하는 것이다. 마조리 톰슨Marjorie Thompson에 의하면, 영성 생활 규칙 또는 리듬이란 "거룩함에 있어서 성장하는 데 도움이 되는 구조와 방향을 제공해 주는 개인적이거나 공동체적인 영성 훈련들의 패턴pattern이다." 여기에서 리듬 그리고 패턴이라는 낱말에 주목하면 규칙이란 낱말이 주는 거부감을 넘어설 수 있다.

우리의 삶을 자세히 들여다보면 일상은 결국 우리의 몸과 마음이 어떤 반복되는 리듬을 타고 있다는 것을 알아차릴 수 있다. 영성 생활 규칙이란 그 일상의 리듬 어딘가에 하나님의 현존을 의식하는 움직임을 몇 개 더 끼워 넣는 것이다. 시편 119편의 기자와 베네딕트는 하루에 일곱 번 성경 말씀을 낭송하며 하나님을 찬양하는 움직임을 아주 굵은 리듬으로 만들었다면, 현대 기독교인과 교회는 비록 분주한 일상이지만, 형편에 맞게 좀 더 가는 리듬을 적절하게 만들어서 일상에 삽입하면 될 일이다. 그러면서 다양한 개인 삶의 차이를 존중해서 다양한 리듬의 조화가 가능하도록 배려해 주면 될 것이다.

예를 들어 현대인의 필수 아이템인 스마트폰과 클라우드는 현대 기독교인이 영성 생활 규칙을 리듬으로 만드는 데 정말 효과적인 도구라는 사실도 기억할 필요가 있다. 스마트폰은 SNS 서비스를 언제 어디서나 사용할 수 있게 해주어서 일상의 여백을 잠식해 버린다는 부정적인 평가가 많긴 하지만, 영성 생활에 대한 열망이 있는 사람들은 이 문명의 이기를 긍정적으로도 활용할 수 있다. 스마트폰에 담긴 성경 앱을 사용해서 우리는 언제나 어디서나 의지만 있으면 말씀을 읽고 묵상할 수 있다. 클라우드 서비스는 우리가 일상 속에서 깨닫고 느낀 것들을 언제나 어디서나 영성 일기로 기록하고 공유할 수 있게 도와준다.

결국 영성 생활에 대한 열망이 관건이다. 열망이 있다면, 우리는 영성 고전을 읽으면서 얻게 되는 통찰들을 현대의 문화와 사회 안에서 자신과 공동체의 일상생활의 리듬에 잘 적용할 수 있는 지혜도 얻게 될 것이다.

Back to the Classics

이웃과 정의

03

Antonius of Egypt, 공감을 넘어서 긍휼로 _ 임택동
Basil of Caesarea, 넘치는 부, 메마른 사랑 _ 박세훈
길선주, 이기풍, 정의와 평화가 입 맞추게 하라 _ 권혁일
Dietrich Bonhoeffer, 공공 기독교로의 귀환 _ 이경환
김교신, 민본의 기독교 _ 이경희
Martin Luther King, 교회여, 사교클럽에서 벗어나라 _ 남기정
Hildegardis Bingensis, 힐데가르트의 비리디타스와 여성 리더십 _ 정승구

17

공감을 넘어서
긍휼로

안토니우스와

'긍휼'의 영성

임택동 limfreedom@gmail.com

미국 Davis Korean Christian Fellowship 목사이며, GTU의 박사 과정에서 기독교 영성학을 공부하고 있다. 그리스도인들의 일상과 삶 속에서 구체적으로 영위되는 신앙과 영성(lived religion)에 있어서 성경이 하는 역할에 대해 관심이 있다.

공감을 넘어서 긍휼로 : 안토니우스와 '긍휼의 영성'

초기 기독교 수도자들의 아버지로, 또 그들의 삶의 전형으로 여겨져 온 안토니우스의 생애와 가르침은 『성 안토니의 생애』(은성출판사, 2009)로 번역 출간되었다. 본문에서 언급된 토머스 머튼의 글은 『삶과 거룩함』(생활성서사, 2002)으로 번역 출간되었다.

고통하는 이웃

> "환장은 아무나 하는 게 아니었다. 나는 미치는 것조차 여의치 않은 내 강철 같은 신경이 싫고 창피스럽다. 그러나 미치기 위한 노력도 안 하고 어떻게 맑은 정신으로 긴긴 하루를 보낼 수 있단 말인가."

스물여섯 살의 젊은 의사였던 아들을 잃고서 자신의 피 끓는 심경을 토해 놓은 소설가 고 박완서의 에세이 『한 말씀만 하소서』의 한 구절이다. 참척慘慽을 당한 어미의 깊고도 깊은 절망과 좌절감이 뼛속 깊이 고스란히 전해져 오던 시기는, 필자의 둘째 딸이 치명적인 병으로 인해 두 번째 골수이식을 마칠 즈음이었다. 이때 주변 사람들로부터 자주 들었던 말들 중의 하나가 '하나님께서 더 크게 쓰시기 위해서' 딸에게 고통을 주셨다는 말이었다. 위로 차원에서 건넨 말이었음에도 위로보다는 오히려 기분이 언짢아짐을 경험했다. 더 큰(?) 신앙의 인물로 쓰시기 위해 내 자식을 5년이 넘도록 죽음의 그림자 아래에서 눈물과 가슴 졸임으로 지내게 하는 하나님을 믿고 싶지도, 또 인정하고 싶지도 않았기 때문이다. 예수께서 말씀하신 하나님이 이런 분이실까? 세상에서 흔히 말하는 것처럼 '크게' 쓰이지 않아도 좋으니, 사랑하는 딸이 죽음의 늪에서 하루 빨리 벗어났으면 하는 바람밖에 없었다.

그래서인지 지난 2014년 4월, 세월호 사건을 통해 참척을 당한 유족들의 눈물과 절규가 누구보다도 더 고통스럽게 다가와 일상의 삶이 완전히 정지될 정도였다. 그즈음 어느 초대형교회 목사가 설교강단에서 "하나님이 공연히 [세월호를] 이렇게 침몰시킨 게 아니다. 꽃다운 애들을 침몰시키면서 국민들에게 기회를 주는 것"이라고 한 설교를 들었을 때는 아연실색하지 않을 수 없었다. '하나님의 뜻'이라는 명목으로 이와 유사한 발언들이 공공연히 한국 교회에서 회자되었던 것을 가슴 아프게 기억한다. 신정론이란 신학의 이해 폭을 제쳐 두고서라도, 박완서가 "주변 사람들의 아무리 사려 깊은 위로일지라도 그것이 모진 고문이요, 견디기 어려운 수모"라고 토로할 만큼 극한의 고통과 좌절감 속에 있는 부모들의 심정에 조금이라도 공감을 했다면, 과연 이런 설교를 할 수 있을까 질문하지 않을 수 없다.

신음하는 이웃들의 고통을 공감하기 전, 졸렬한 신학이 먼저 그들에게 손을 내민 것이다. 조금 비약하자면, 하나님에 대한 관념이 하나님과 이웃에 대한 사랑을 잡아먹어 버려 공감 능력이 상실된 것이다. 교회 강단에서 성육신과 십자가라는 예수의 타자를 향한 사랑의 정신이 실존적으로 거부를 당한 것이다. 토머스 머튼Thomas Merton, 1915-1968이 『삶과 거룩함』*Life and Holiness*이란 책에서 "이웃에 대한 사랑과 연민이 없다면, 그리스도께 대한 우리의 '사랑'은 꾸며낸 것에 지나지 않는다."라고 말한 대목이 가슴 아리게 다가온다.

'공감'empathy이란 단어의 사전적 의미는 남의 주장이나 감정 그리고 생각 따위에 찬성하여 자기도 그렇다고 느끼는 것이라 할 수 있다. 그런데 그리스도인들이 이웃의 고통과 필요에 대해 지녀야 할 신앙의 태도가 단지 공감하는 것만으로 충분한

가? 그렇지 않다. 공감과 더불어 긍휼compassion의 자리까지 나아가야 한다.

안토니우스와 긍휼의 삶

긍휼이란 이웃에 대한 적극적인 관심에서 출발해서 기꺼이 도움의 손길을 뻗치고, 심지어 이웃을 위하여 스스로 위험까지 감수하는 것이다. 따라서 예수의 성육신과 십자가 사건은 긍휼의 전형이라 할 수 있다. 우리에게서 긍휼이 시작된다는 것은 타인의 고통을 공감하게 됨으로써 마음이 요동하고, 마침내 그들을 도와줄 방도를 찾아 움직이게 되는 것을 의미한다. 그래서 긍휼은 단순히 인식된 상태만을 의미하는 공감과는 구분된다.

기독교 역사를 보면 수많은 신앙의 영웅들이 '그리스도를 닮아 감'imitatio Christi이란 덕 안에서 긍휼의 삶을 살았음을 보게 된다. '수도자들의 아버지'라고 일컬음을 받으며 엄격한 금욕생활을 했던 안토니우스Antonius of Egypt, 251?-356? 역시 예외가 아니었다. 비록 수도생활을 위해 이웃들을 등지고 사막으로 들어갔지만, 그는 사회와 단절되지 않았고 긍휼이 넘치는 삶을 살았음을 아타나시우스Athanasius, 295-373가 기록한 책 『안토니우스의 생애』 The Life of Antony가 증거해 주고 있다. 그 한 예가 다음과 같이 서술되고 있다.

> 재판관들은 안토니우스에게 자신들을 방문해 줄 것을 간청하면서, 단지 그를 보기만 할 것이라고 하였다. 안토니우스는 그 부탁을 거절하면서 그들에게 가지 않겠다고 했지만, 그들은 끈질기게 매달렸고 심지어 그의 마음을 움직여 산에서 내려오게 하려고 군대 감옥에 구금되어 있는 사람들을 보내기까지 하였다. 이들의 탄식과 필요를 보게 되자 안토니우스의 마음은 요동했고 마침내 그는 산에서 내려왔다. 이번에도 역시 안토니우스의 애씀은 무위로 끝나지 않았다. 그의 당도함은 많은 사람들에게 유익과 혜택을 가져다주었던 것이다.
>
> 「안토니우스의 생애』Athanasius: The Life of Antony and The Letter to Marcellinus, Paulist Press, 84장.

안토니우스에게 초미의 관심사는 금욕생활을 통한 영성 훈런이었음은 두말할 나위 없다. 하지만 이웃들의 필요와 슬픔 앞에서는 자신을 위한 그 굳은 갈망도 눈 녹듯 녹아내렸다. 예수를 닮아가고자 하는 안토니우스의 수행은 영적인 엑스터시 ecstasy 체험이나 사막의 수실 壽室:살아 있을 때 미리 만들어 놓은 무덤과 수도 공동체에서만 인정받고 통용되는 갇혀 버린 창백한 영성이 아니라, 이웃의 눈물 앞에서 마음이 요동하며 자기 신앙의 어젠다 agenda를 내려놓게 되는 열리고 살아 있는 영성으로 형성되어 있었다.

비록 수행의 삶을 위하여 사람들을 피해 거처를 옮겨 다니며 홍해 인근 깊은 광야로 들어갔지만, 그 후에도 그가 사람들과 지속적인 관계를 유지했음을 알 수 있다. 많은 사람들이 그의 도움을 찾아 그를 만나러 왔고 또 자신도 간혹 도시를 방문하기도 하였다. 그의 수행의 삶이 얼마나 이웃들과 밀접하게 연관되어 있었는지는 그의 초기 수행의 삶을 묘사한 부분에서 잘 드러난다.

> 그는 또래 사람들에 대해 경쟁적이지는 않았는데,
> 유일한 예외가 있었다. 그것은 도덕함양에 있어서

> 결코 남에게 뒤지지 않으려 했다는 것이다. 이렇게 했던 연유는 다른 사람들 아무도 마음을 상하게 하지 않고 오히려 그들이 그로 인해 기쁨을 누리게끔 하려는 데 있었다. _『안토니우스의 생애』, 4장._

사실 아타나시우스가 저술한 『안토니우스의 생애』는 이웃을 향한 안토니우스의 긍휼의 삶에 주된 초점을 둔 책은 아니다. 당시 기독교 내부에서 가장 큰 쟁점의 대상이었던 아리우스파에 대한 견제 및 대항적 요소가 곳곳에 배어 있고, 또 안토니우스의 삶에 대한 소개를 통해 그리스도인의 전형 및 수도자들의 본을 제시하려는 데 중점을 두었음을 볼 수 있다.

따라서 이 책은 후일 수많은 수도자들에게 영향을 주었음은 물론 아우구스티누스와 같은 인물의 영성 형성에도 지대한 영향을 미쳤다. 하지만 책 속에는 금욕적 삶을 기반으로 기도에 매진하는 일, 영을 분별하며 사탄을 대적하는 일, 그리고 일반 사람들의 필요와 고충을 해소하여 눈물을 닦아주는 일 중에서 어느 편이 더 영적이고 그리스도인다운 일인지 전혀 구분하지 않는다.

이와 관련하여 동화작가 고 권정생 선생은 이렇게 얘기한다.

> "수십만 명이 모이는 교회를 만들어도, 인간에게 따뜻한 정(사랑)이 없으면 정말 아무것도 아니다. … 박사학위를 받아도, 이런 소박하고 지극히 작은 사랑이 없으면 아무것도 아니다."

『우리들의 하느님』, 녹색평론사, 20쪽.

공감을 넘어서

큰 교회를 목회한다고 하여, 신학 지식을 많이 쌓았다고 하여, 영성 훈련을 많이 받았다고 하여, 영성 관련 책을 접하여 새로운 지식이 생겼다고 하여 이웃의 고통에 대한 공감과 긍휼이 없는 것이 별 문제되지 않는 걸까? 그렇지 않다. 긍휼이 없으면 아무것도 아니다. 왜냐하면 모든 그리스도인들이 마땅히 추구해야 할 예수의 길이 바로 다름 아닌 긍휼의 길이기 때문이다. 그리스도인들의 대표적인 영적 활동들 중의 하나인 기도의 삶과 긍휼의 삶의 연관성을 헨리 나우웬 Henri Nouwen, 1932-1996은 다음과 같이 역설한다.

> *기도가 우리를 긍휼 어린 그리스도와의 좀 더 깊은 연합으로 인도한다면, 그것은 항상 구체적인 섬김의 행위를 이끌어낼 수밖에 없다. … 기도 안에서 우리는 그리스도를 만나고, 그리스도 안에서 모든 인간 고통을 만난다. 섬김 안에서 우리는 사람들을 만나고, 사람들 안에서 고난 받는 그리스도를 만난다.* 「긍휼」, IVP, 188쪽.

세월호 참사를 겪으며, 이웃의 고통에 공감조차 제대로 하지 못하는 목회자들과 그리스도인들 때문에 또 한 번 한국 교회가 수모를 당하였다. 이웃에게 공감할 줄 아는 것, 그리스도인으로서 너무나 절실하고 중요하다. 하지만 이것만으로는 부족하다. 공감의 언덕을 넘어 긍휼의 자리로 나아가야 한다. 긍휼이야말로 성육신과 십자가란 예수의 길이요, 그리스도인들이 마땅히 걸어가야 할 길이다. 기도하는 일, 목회하는 일과 이웃의 눈물을 공감하며 도움의 발걸음을 내딛는 긍휼의 길은 따로 분리된 것이 아니다.

모름지기 그리스도인, 특히 목회자는 긍휼의 사람이어야 한다. 긍휼의 사람은 참척을 당하여 눈물 흘리는 이웃에게 소위 하나님의 섭리를 설파하는 사람이 아니라 함께 눈물을 훔치며 손수건 한 장이라도 건네는 사람일 것이다. 수도자들의 아버지로, 그리스도인의 전형으로 소개되고 있는 안토니우스. 그는 예수의 길, 긍휼의 길을 옹골차게 살아냈다.

> 그는 불의에 희생당한 사람들을 얼마나 열심히 도와줬던지 마치 그가 제3자가 아닌 피해 당자자 쪽인 것처럼 생각될 정도였다. 「안토니우스의 생애」, 87장.

18

넘치는 부, 메마른 사랑

바실리우스와
'부의 공공성'

박세훈　　　joyparksh@gmail.com
샌프란시스코 제일장로교회 청년부 담당 목사이며, GTU의 박사
과정에서 기독교 영성학을 공부하고 있다. 영적 경험에 대한
심리학적 접근과 해석에 관심을 갖고 있다.

넘치는 부, 메마른 사랑 : 바실리우스와 '부의 공공성'

본문에서 인용한 바실리우스의 글은 그리스 교부 문헌 총서인 *PatrologiaGraeca(PG)* 31권에서 가져와 번역한 것이다. 동방교회의 갑바도기아 교부인 바실리우스의 글은 총 161권으로 구성된 PG시리즈 중 29-32권에 수록되어 있으며, 그가 제시한 수도원 규범과 다양한 설교들이 여기에 담겨 있다. 아직 우리말로는 번역되지 않았다.

또 하나의 가족?

대학생 시절 전도할 때 묘하게 모순된 상황을 경험한 일이 있다. 복음을 받아들인 분과 영접 기도를 떨리는 마음으로 함께 드린 직후였다. "이제 하나님이 당신과 나 모두의 아버지 되십니다. 그러므로 우리는 한 형제와 자매가 된 것입니다." 이렇게 지금이 인생에서 가장 복된 순간임을 선포하고, 이제 함께 기뻐하며 축제를 벌일 차례였다.

그런데 이 사실을 믿고 기뻐하던 순수한 '새 가족'과 눈이 마주친 순간, 필자는 어색한 미소를 지었다. 갑자기 다음과 같은 질문이 속에서 들려왔던 것이다. '이 분에게 나는 참 형제이자 가족이 될 수 있는가? 내가 지금 속해 있는 공동체는 나에게 진정 가족인가?' 그 후로도 신앙의 여정이 계속 이어질수록 나는 공동체와 한 가족이 되기 어려운 이유들을 더 많이 발견하게 되었다. 신앙 공동체가 가족이 되는 것을 방해하는 가장 큰 요소들 중 하나는 '부와 가난'의 문제였다.

물론 이 돈의 문제는 혈연으로 맺어진 가족들마저도 등 돌리게 만들 수 있는 거대한 힘을 가진 것이기에, 교회 공동체쯤이야(?) 뒤흔들고 갈라지게 하기 그다지 어렵지 않을 수 있다. 더 심각한 것은 근래에 이르러 이 돈의 위력 앞에서 씨름하는 그리스도인들의 모습은 점차 찾아보기 힘들고, 어느 수준에서 타협하거나 공개적으로 돈의 힘을 받아들이려는 움직임이 교회 안에 나타난다는 것이다.

교회 안의 부자들은 영적인 면에서도 부유한 자로 인정받고, 두 렙돈을 드린 과부를 향한 칭찬은 상당한 금액을 드린 이들에게 주어진다. 또한 가난하고 연약한 자들을 위한 재정 사용은 그 효용과 효과성, 즉 '투자회수율'에 따라 결정되는 분위기가 만연하다.

이 정도면 성도의 모임인 교회는 가족 공동체가 아니라, 기부금에 따른 차등 회원제를 운용하는 단체나, 조건적이며 계약적인 조직에 더 가깝다고 할 수 있다.

부와 가난이라는 난제

부와 가난의 문제는 교회의 역사에서 제외된 적이 없었던 것 같다. "가서 네게 있는 것을 다 팔아 가난한 자들에게 주라 … 그리고 와서 나를 따르라." 막 10:21는 예수님의 도전적인 명령은 성실했던 부자 청년을 제자의 길에서 떠나게 만들었다. 또한 모든 것을 팔아 재산을 공동 소유하면서 서로 필요한 것을 나누던 초대교회의 삶 행 4:32-35은 역사적으로 지속되지 못했다.

특히 기독교 공인 이후 부와 가난의 문제는 교회 공동체를 위협하는 직접적인 영향력을 발휘하기 시작했다. 기원후 313년 콘스탄티누스 황제 Constantine the Great의 기독교 공인 이후 교회 안으로 세상의 부가 밀려들어 오기 시작하면서 부와 가난의 문제는 새로운 국면을 맞이했다.

콘스탄티누스 황제도 교회에 땅과 집을 기부하였고, 여러 귀족들과 자산가들도 자신의 재산을 헌납하였다. 이는 당시 기독교인이 되면 로마 사회에서 주요한 요직을 차지할 수 있는 특권을 얻게 되는 상황과도 맞물렸다. 기독교인이 되는 것이 세상의 부와 지위를 성취하는 데 유리한 상황이 만들어졌다. 물론 모든 교회가 부유했던 것은 아니지만, 적어도 이런 부의 유입은 기독교 가치를 고수하려던 이들에게 도전과 혼란을 동시에 유발했다.

세상과 교회의 혼합 속에서 신앙의 순수성을 지키기 위해 상당수의 그리스도인이 사막과 외딴 곳에서 수도원 운동을 전개해 나갔던 이유도 여기서 찾을 수 있다.

바실리우스의 대답, 부의 공공성

부와 가난의 문제에 대해 삶으로 대안을 제시한 영성가들 가운데 바실리우스Basil of Caesarea, 330?-379가 있다. 기독교 공인 이후에 태어나 당시 갑바도기아의 주교로 활동했던 바실리우스는 부와 가난의 문제에 직면하여 자신만의 대답을 만들어 갔다. 부의 중립성과 자기 구원을 위한 구제를 강조했던 알렉산드리아의 클레멘트Clement of Alexandria나 카르타고의 키프리아누스Cyprianus of Carthage 같은 선대 교부들과는 달리 그는 '하나님 사랑'과 '이웃 사랑'이라는 이중 사랑의 원리로 부와 가난의 문제에 대응했다.

당시 은둔 수도자들이 신앙의 가치를 유지하고 보존하기 위해 세상을 등진 것과 달리 바실리우스는 수도원 운동을 세상

안으로 가져오려고 시도하였다. 그의 수도원은 홀로 수도하는 것과 공동체로 생활하는 형태를 모두 띠고 있었지만, 그의 수도 규범을 보면 공동체 형태를 더 지향하고 있음을 알 수 있다.

> *홀로 수도하는 것은 개인의 필요를 위한 봉사에만 관여할 뿐이다. 이것은 사도들이 성취한 사랑의 법에 분명히 반대된다. 자신이 아니라 구원받을 영혼들의 유익을 구한 사도들의 그 사랑에 반한다.* 가이사랴의 바실리우스, *The Long Rules*[수도 규범], Q.7.

그는 독처하면서 수도하는 것을 권장하지 않았으며, 기본적으로 은수자를 둘 때조차도 그들에게 공동 수도원에서 멀리 떨어져 있지 않도록 규정하였다. 바실리우스에게 수도자의 목적은 하나님을 사랑하는 동시에 이웃을 사랑하는 것이었다. 그리고 이 목적은 독처할 때가 아니라 수도 공동체 안에서 성취될 수 있다고 믿었고, 그는 수도원을 도시로, 세상으로 가져왔다. 이 이중의 사랑은 수도자들에게 하나님을 경배하고 그분께 마음을 기울이라고 요구한다. 동시에 서로를 지탱해 주기 위하여 하나님을 더 사랑하고자 하는 동일한 목적을 지닌 다른 형제들과 함께 생활하도록 이끈다.

이와 같은 이웃 사랑에 대한 강조 속에서 바실리우스는 부의 공공성을 주장하였다. 그는 부를 이웃 사랑의 도구이자 모두가 균등하게 누려야 할 것이라고 가르쳤다. 자연법에 능통하였던 그는 공기, 물뿐 아니라 모든 세계를 하나님께서 인류에게 공평하게 주신 공동의 것으로 이해하였다.

> 하나님은 탐욕스러운 자가 소유한 경작지 위에 비를 내리신다. 그는 씨가 자라나도록 햇볕을 내리시고 열매를 맺게 하신다. 진실로 이러한 혜택들은 하나님께로부터 온다. 적합한 땅, 알맞은 기후, 풍성한 씨앗, 산소, 그리고 여러 가지의 것들, 풍성한 열매를 맺는 농사를 위해 필요한 모든 것들을 하나님께서 주신다.(…그러나 탐욕스러운 자는 하나님께서 우리에게 공동으로 나누어 주셨음을 기억하지 않는다. 그리고 분배에 대해서 생각하지 않는다.)
> 가이사랴의 바실리우스, *Homilia in illud dictum evangelii secundum Lucam* [이후 『누가복음 설교』], *Patrologia Graeca* 31:261-264.

당시 부의 근간이 되었던 토지도 그는 하나님의 것이라고 보았다. 바실리우스에 따르면 토지는 하나님이 주신 공동의 재산이다. 따라서 토지의 소산 역시 공동의 것이다. 그런데 문제는 현실에서는 부자와 가난한 자가 나뉜다는 점이었다. 여기에 대해서 바실리우스는 이웃 사랑의 주제를 통해 접근해 나갔다. 정의로우신 하나님은 공평하게 땅을 분배했음에도 무엇이 부자와 가난한 자를 만들었는지 생각하면서, 그것은 이웃 사랑 없이 자신의 소유를 만들어 간 사람 때문이라고 지적했다. 하나님께서 공공을 위해, 즉 공동체 전체를 위해 주신 물품을 손에 넣고 그것들을 자신의 소유로 만드는 사람들이 문제인 것이다.

> 너는 탐욕스럽지 않은가? 너는 도둑이 아닌가? … 벌거벗은 사람에게 옷을 입힐 수 있음에도 불구하고 그렇게 하지 않는 사람을 무엇이라고 불러야 하는가? 네가 가진 빵은 배고픈 자의 것이 아닌가? 너의 옷장 속 옷은 벌거벗은 자의 것이 아닌가? 네가 소유한 것들 가운데 썩고 있는 신발은 곧 신발을 갖지 못한 사람의 것이 아닌가? 네

> 가 땅속에 감추어 둔 돈 역시 필요한 자의 것이 아닌가? 네가 도와야 할 사람의 청을 거절한다면 너는 다른 사람을 도울 수 있는 것만큼 잘못하고 있는 것이다." 「누가복음 설교」, PG 31:276-277.

이제 이들에게 요구되는 것은 공급자이신 하나님을 믿음으로 고백하는 만큼 가난한 자들과 함께 살아갈 길을 찾아가야 한다는 것이다. 그래서 바실리우스는 가난한 자들을 위해 부를 내놓으라고 명한다. 그리스도의 몸인 공동체를 흐르는 피처럼, 지금 필요한 이웃에게로 부가 흘러가야 한다고 말하는 것이다. 바실리우스에 따르면 남거나 썩고 있는 무언가를 가지고 있는 이는 그만큼 탐욕을 부린 자이며, 하나님의 공급을 몰래 빼돌린 도둑이다. 하나님의 돌보심과 채우심을 고백하는 이가 부자라면 그의 고백은 거짓이며 반쪽짜리일 뿐이다.

하나님의 사랑과 공급하심을 증언한다면 자신을 통해 그 공급이 균등하게 나누어질 기회를 놓치지 말아야 한다. 하나님 사랑과 이웃 사랑은 분리될 수 없다. 그리고 이 이중의 사랑이 그리스도인의 공동체를 살아 있게 만든다.

이웃보다 더 소유할 수 없는 그리스도인

세상의 자본주의 논리는 현재 한국 교회 안에 깊이 침투하여 교회의 활동과 의사 결정에 강력한 영향을 미치고 있다. 맘몬의 유혹 앞에서 구원의 가치는 폭락하고, 공평한 공급자 되시는 하나님은 교회 안에서도 외면당한다. 그저 부를 축적하고 그것에 만족하는 이기적인 수준의 삶을 도와주시는 '축복의 하나님'만 교회 안에서 찬양받는다. 이런 기독교인의 모임 안에서 하나님은 분명 돈보다 못하다.

하나님을 향한 영적 갈망보다 눈에 보이는 돈에 대한 갈구가 더 강한 이들을 온전한 그리스도인이라고 부를 수 있을까? 자본주의에 깊숙이 노출되어 날마다 그 논리 안에서 호흡하며 살아가는 우리는 돈 앞에 초연해지는 것도, 또 부를 내어놓는 것도 불가능해 보인다. 자기 구원의 필수조건이라는 자극적인 문구가 동원되거나 자기 축복을 위해서라는 이유가 따라와야 구제를 위해 지갑을 열 수 있는 세대 속에서 우리는 살아간다. 그만큼 교회와 사회 속에서 사랑은 더욱 메말라 간다.

그러나 바실리우스는 기독 공동체의 초월적 결합은 공평한 하나님을 인정하며 자기 몫을 내어놓는 이웃 사랑 안에서 견고

해진다고 가르친다. 그리스도인이 부를 내어 놓는 것은 자기 구원을 위한 금욕적 수행으로 그쳐서는 안 된다. 도리어 이웃과 함께 누릴 수 있기 전까지 혼자서는 차마 부를 누릴 수 없는 사랑 때문이어야 한다. 바실리우스가 말한대로 "이웃을 자기 자신만큼 사랑하는 사람은 누구든지 이웃보다 더 소유할 수 없다." 「누가복음 설교」, PG 31:281.

가족은 혈연으로 정해지지만, 삶을 통해 이루어져가는 관계이기도 하다. 이는 영적인 가족공동체의 경우에도 마찬가지이다. 자본주의가 만연한 시대 속에서도 진실한 영적 가족을 얻기를 원한다면, 우리 자신이 먼저 이렇게 말하자.

"그래요. 당신과 나는 이제 가족입니다. 이 가족 됨을 뒤흔들 일들이 정말 많이 있겠지만, 혹 흔들리더라도 우리는 가족이에요. 이제 나는 당신에게 형제자매가 되겠습니다. 당신의 필요를 위해 제 것을 아낌없이 나누겠습니다."

19

정의와 평화가 입맞추게 하라

길선주·이기풍의

예언자적 영성

권혁일　　worshiper01@gmail.com

GTU의 박사 과정에서 기독교 영성학을 공부하고 있다. *Flowers of Contemplation: Peace and Social Justice*를 지었고, 『베네딕트의 규칙서』와 『제임스 게일』 등을 번역하였다. 영성과 문학, 영성과 사회정의, 수도원 영성과 현대 그리스도인의 삶 사이에서 길을 찾고 있다.

정의와 평화가 입맞추게 하라 : 길선주·이기풍의 예언자적 영성

길선주의 설교문 「평화의 서」는 『종교계 제명사 설교집』(1921)에 검열로 일부가 삭제된 채로 처음 수록되었다. 현재는 KIATS가 엮은 『길선주』(홍성사, 2008)에 실려 있다. 이기풍의 설교문 「신조의 인」은 『한국설교대전집』 제1권(성서교재간행사, 1978)에 수록되었다. 현재는 이기풍 목사님의 따님이신 이사례 권사가 쓴 전기 『이기풍: 순교로 삶을 마감한 한국교회 최초의 선교사』(기독교문사, 2008)에 부록으로 수록되어 있다.

　표면적으로나마 평화를 원하지 않는 이들은 거의 없을 듯하다. 심지어 전쟁을 일으키는 이들도 평화를 이루기 위해 '정당한 전쟁'Just War이 필요하다고 주장하기 때문이다. 제주 강정 해군 기지와 관련한 일들은 '평화'를 추구하는 방법이 어떻게 극단적으로 다를 수 있는지 잘 보여 준다.

　정부와 보수 성향의 사람들은 전쟁을 예방하기 위해서는 환경, 복지 등을 포기하더라도 군사 기지를 건설해야 한다고 주장한다. 그러나 평화 활동가들은 궁극적으로 전쟁도, 군대도 없는 세상을 꿈꾸며 제주와 한·중·일 3국의 경계가 만나는 동중국해를 국제 평화지대로 지정해야 한다고 말한다. 그런데 이와 비슷하면서도 반대의 상황이 휴전선을 사이에 두고 남한과 북한 사이에서 일어나고 있다.

　북한은 자국의 평화와 안전을 명목으로 핵무장을 진행 중인

데, 남한 정부는 북한에게 평화를 위해서는 먼저 핵무기를 포기해야 한다고 말하면서 비무장지대DMZ에 평화공원을 조성하자고 제안한다. 이처럼 평화를 이룩해 나가는 데 있어서 심각한 갈등과 불안이 존재하는 오늘, 우리 그리스도인들은 평화와 안녕에 관해 믿음의 선배들로부터 어떤 지혜를 얻을 수 있을까? 평화를 향한 사회적 갈망이 매우 깊었던 일제 강점기의 대표적 한국 기독교 지도자 두 사람을 통해 배워 보자.

길선주 : 평화는 정의와 입맞춘다

길선주1869-1935는 한국 장로교 최초 7인의 목사 중 한 사람이다. 또한 1907년 평양대부흥운동을 이끈 영적 리더로, 1919년 3·1독립선언서에 서명한 33인의 민족 대표 중의 한 사람으로 잘 알려져 있다. 이와 더불어 길선주 목사는 사회개혁과 평화운동에도 많은 관심과 열정을 가지고 있었는데, 이것은 그의 "평화의 서"曙, 새벽라는 제목의 설교문에 잘 반영되어 있다. 이 설교문은 3·1운동 2년 후에 출간된 한국 기독교 최초의 설교집, 『종교계 제명사 설교집』1921에 처음 수록되었는데, 3·1운동 직후의 냉혹한 현실을 반영하듯 일제의 검열로 일부가 삭제된 채

발행되었다.

물론 이 글에는 오늘날의 역사적 자료를 토대로 볼 때 아쉬운 부분도 있다. 그것은 미국이 자국의 이익이 아니라 순전히 정의를 지키기 위해서 1차 세계대전에 참여한 것으로 길선주는 이해하고 있다는 점이다. 이는 주로 미국 선교사들을 통해서 세계의 소식과 정보를 접하던 시대의 한계가 아닐까 한다. 하지만 성경과 자신의 체험에 근거한 평화에 대한 그의 견해는 오늘날 우리들에게도 의미 있는 통찰을 제공한다. 길선주는 시편 85편 10절의 "의는 평화와 서로 입을 맞춘다."는 말씀을 해석하며, 다음과 같이 자신의 경험을 이야기한다.

> 제 경우는 양심에 어긋나는 행동을 하였다거나, 혹은 남을 악평하여 허물이 되었다거나, 실로 서로 상스럽지 않은 일을 한 줄로 생각을 하였다거나 하면 마음이 꼭 바다의 파동과 같이 흔들리고 싸움이 격렬하여서 열두 시를 치고 새로 한 시를 칠지라도 잘 수가 없습니다. … 이렇듯 마음 안이 어수선한 경우가 한두 번이 아닙니다. 「길선주」, 홍성사, 180쪽.

길선주 목사의 회개에 대한 일화는 많이 알려졌기 때문에 여기서 자세히 언급하지 않아도 될 것이다. 대신 우리가 주목해야 할 것은 그가 이러한 개인적인 경험들을 통해서 깨달은 진리이다. 곧, 죄를 짓고 의롭지 못할 때에는 마음에서 평화가 사라지지만, 회개를 통해 의롭게 되면 평화를 누리게 된다는 점이다. 그리고 그는 이러한 원칙은 개인뿐 아니라, 가정과 국가에도 동일하게 적용된다고 믿었다.

> 우리 개개인도 죄를 범하고 회개하지 않으면 마음에 평화가 오지 않는 법입니다. 가정 안에 싸움이 있을지라도 의로운 자가 이기지 못할 것 같으면 그 가정에 참 평화는 오지 않습니다. 나라와 나라 사이에 오늘과 같이 싸움이 일어나는 것은 어떤 곳이든지 불의한 까닭입니다. 이후 세계 역시 정의와 인도에 의하여 행하지 않으면 참말 평화는 오지 않을 줄로 생각합니다. 『길선주』, 187-188쪽.

그는 가정, 국가, 그리고 세계의 구성원들 사이에 생기는 갈등과 분쟁의 원인으로 불의를 지목한다. 그러므로 그 갈등이 해결되고 참 평화가 도래하기 위해서는 반드시 불의를 바로잡아 정의와 인도人道, 곧 인간이 마땅히 지켜야 할 도리의 토대 위에 세워야 한다는 것이 그의 주장이다. 그래서 그는 그리스도인들에게 "정의의 무대"에서 "평화의 막"이 열리도록 기도하라고 강력하게 호소한다. 이러한 그의 생각은 앞서 언급한 시편 85편 10절 외에도, "공의의 열매는 화평이요, 공의의 결과는 영원한 평안과 안전이라"는 이사야 32장 17절에 근거하고 있다. 요약하면, 개인이나 가정이나 국가에서 참된 평화를 이룩하기 위해서는 먼저 정의가 실현되어야 한다. 정의를 실현하기 위해서는 불의를 버리고 진정으로 회개하는 것이 필수이다.

이기풍 : 정의를 행하라, 분노하라

회개와 정의에 대한 강조는 이기풍1868-1942에게서도 발견된다. 그는 길선주와 함께 한국 장로교 최초의 목사 7인 중의 한 사람이자, 신사참배에 저항하여 순교한 인물로 한국 기독교인들에게 많은 존경을 받는 인물이다. 이기풍은 에베소서 4장 22-32절을 본문으로 한 「신조新造의 인人」새롭게 지음 받은 사람이라는 설교에서 새 사람은 먼저 진실히 회개하고 마음이 변한 사람이라고 말한다. 그리고 진정으로 회개한 새 사람은 마음뿐 아니라 말과 행동으로도 그리스도를 본받는 제자여야 한다. 이때 그리스도께서 보이신 모범의 핵심은 '정의'와 '정직'이다.

> 무엇이든지 예수 그리스도를 본으로 삼으며 예수 그리스도를 모본 模本 하는 것으로 인하여 '의롭게 지음을 받게 될 것'입니다. 누구는 장사를 하는 데 '정직과 의리도 없이 거짓말도 아무것도 관계가 없다. 돈만 모을 것 같으면 좋지 않으냐' 하는 사람도 있습니다. 나는 조금 벌지라도 좋습니다. 나는 그리스도를 배우는 자인 고로 그리스도의 정의, 하나님 앞에서 정직한 것을 떠나고서는 천만 원의 돈이 불시에 생긴다 할지라도 허락할 수 없으며, 또 포켓에 넣을 마음이 일어나지 않습니다.
> 이기풍, 「신조의 인」, 『이기풍: 순교로 삶을 마감한 한국 교회 최초의 선교사』, 기독교문사, 224–225쪽.

이기풍은 장로교 최초의 선교사였다. 목사 안수를 받은 바로 다음 해에 당시에는 벽지였던 제주도로 가서 목숨을 걸고 전도했다. 그리고 10년 후에는 전라도의 크고 작은 도시와 섬들을 다니며 힘써 복음을 전했던 열정적인 전도자였다. 그러한 그가 이 설교에서 그리스도를 본받는 삶의 핵심을 '전도'가 아니라 '정의'와 '정직'으로 말했다는 점은 의미심장하다. 그것은 전도가 중요하지 않기 때문이 아니라, 그만큼 그가 살던 시대에 불의가 가득했기 때문이다.

일제 강점기 침략자들이 불의를 행사한 것은 물론, 조선 사람들, 심지어 그리스도인들까지도 습관처럼 불의와 부정직에 물든 경우가 많았다. 이기풍은 그리스도 신자가 되고서도 거짓말하는 사람들이 많은 것을 지적하며, 정직하고 진실한 삶을 살아야 한다고 강조한다. 그러므로 이기풍 목사에게 '새 사람'이란 진실하게 회개하고 그리스도를 본받아 정의와 정직을 실천하며 사는 사람이다. 이와 같은 정의에 대한 강조는 자연히 불의에 대한 분노와 저항으로 이어진다.

그런데 이에 제일 중요한 것은 … 남이 나에게 모욕을 보였다든지 나의 가정에 모욕을 보였다든지

> *어떤 때에 부정불의를 행하였다 하는 때는 그리스도 신자는 노하지 않으면 안 되겠습니다. 의로운 분심을 품어야 할 것입니다. … 세상이 어지럽게 되어 구원을 하여야 하겠습니다. 불의한 행동을 이겨야 하겠다 하는 때에는 우리는 크게 노할 것입니다. 이 같은 분심은 그리스도와 하나님께 대한 정의의 생각이 마음에 있는 고로 부정불의에 대하여는 어디까지든지 깨뜨려 버려야 하겠습니다.* 『이기풍: 순교로 삶을 마감한 한국 교회 최초의 선교사』, 227-228쪽.

이기풍 목사는 에베소서 4장 26절에서 '노하지 말라.'가 아니라 "분을 내어도 죄를 짓지 말라."고 기록되어 있는 것과 예수께서 분노하신 것을 들어 그리스도인은 불의한 일 앞에서는 의로운 분노를 품어야 한다고 역설한다. 불의 앞에 분노하지 않고 '안녕'할 수 있는 자는 그리스도의 정의를 배우고 실천하는 그리스도의 제자가 아니다. 진정으로 회개한 사람이 아니다. 새 사람이 아니다. 그러한 '안녕'은 그리스도께서 주시는 참된 평화가 아니다. 이기풍은 그러한 비겁한 '안녕'을 거부한 참 그리스도인이었다.

그의 따님이신 이사례 권사의 증언에 의하면, 그는 일본의 사복 형사가 예배당 안에서 감시하는 중에도 "일본이 이렇게 죄를 지으면 하나님의 채찍이 임하시고, 결국엔 망한다."라고 서슴지 않고 설교했다. 그래서 그는 결국 국가를 모독한 불경죄와 미국 스파이의 누명을 쓰고 체포되어 고초를 당하다가 순교하였다. 이기풍 목사는 단순히 종교적 '교리'를 지키다가 죽음을 맞은 것이 아니다. '정의'를 위해 살고, 분노하고, 싸우다 죽었다.

평화의 새벽을 기다린다

2014년 3월 현재, 한국에서는 지난 정권의 통치 기간과 대통령 선거 기간 동안 저질러진 불의를 밝히고 바로잡으려는 노력이 진행되고 있다. 그러나 한쪽에서는 반성 없이 더 큰 거짓과 불의로 잘못된 것을 은폐하고, 오히려 문제를 제기하는 이들을 모함한다. 그리고 또 다른 편에서는 이를 침묵으로 관망하거나, 선거에서 이기려면 어느 정도의 '작전'은 필요했을 것이라며 관대하게(?) 이해하고 넘어가려 한다. 아마 적지 않은 기독교인들이 세 번째 부류에 들지 않을까 짐작해 본다. 이렇게 불의에도 분노하지 않고, 정의를 요구하지도 않는 기독교인들은, 이기풍 목사의 말씀에 따르면 그리스도를 본받는 제자가 아니다. 대선에서의 '반칙'은 많은 국민들이 분노하는 동계올림픽에서의 편파 판정보다 훨씬 더 심각한 불의다.

앞서 언급한 것처럼 박근혜 대통령은 2013년 5월 미국 의회 연설에서 DMZ 세계평화공원 구상을 밝히고, 8·15 경축사에서 이를 북한에 제안하였다. 전쟁과 분단의 상징인 비무장지대의 일부에 평화공원이 조성된다는 것은 반가운 일이다. 그러나 길선주 목사의 말씀처럼 먼저 불의를 바로잡고 정의를 굳게 세우지 않는 한, 평화공원은 언제라도 전쟁과 갈등으로 폐쇄될 가능성이 높은 '정치쇼의 공연장'이 되고 말 것이다. 나아가 정의를 바로 세우지 않는다면 '평화 통일 대박'도 없다. 참된 평화의 막은 정의의 무대 위에서만 열리기 때문이다. 그러므로 대선 과정부터 각종 비리 의혹을 받고 있는 박근혜 정부가 진정 평화의 시대를 열어가기 원한다면, 먼저 모든 불의한 일들을 숨김없이 바로잡아 정의를 세워야 한다. 그렇지 않다면 비무장지대 전체를 평화공원으로 조성한다고 하여도 대한민국과 한반도의 참된 평화는 오지 않을 것이다. 아울러 한국 교회도 정치권력에 아부하고, 교회 지도자들의 불의(논문 표절, 성적 범죄, 공금 유용 등)를 대충 덮고 넘어가며, 개혁을 요구하는 이들을 힘으로 억누르려고만 한다면, 공평과 정의의 하나님 나라를 선포하는 제자 공동체로서의 영광은 잃어버리고, 화려한 건물만 소유한 '회칠한 무덤'으로 전락하고 말 것이다.

> *화 있을진저 외식하는 서기관들과 바리새인들이여 너희가 박하와 회향과 근채의 십일조는 드리되 율법의 더 중한 바 정의와 긍휼과 믿음은 버렸도다. … 회칠한 무덤 같으니 겉으로는 아름답게 보이나 그 안에는 죽은 사람의 뼈와 모든 더러운 것이 가득하도다.* 마 23:23, 27.

20

순수 기독교로의 귀환

디트리히 본회퍼의

『옥중서간』

이경희　　lovebible66@gmail.com

미국 새크라멘토 시온장로교회 청년 담당 목사이며, GTU의 박사 과정에서 기독교 영성학을 공부하고 있다. 성경이 어떻게 사람들의 삶을 변화시키고 영성을 고취할 수 있을지에 관심이 많으며, 이를 위한 방법론으로 폴 리쾨르의 해석학과 르네 지라르의 모방 욕망 이론을 연구 중이다.

순수 기독교로의 귀환 : 디트리히 본회퍼의 《옥중서간》

이 글에 실린 디트리히 본회퍼의 글은 그의 친구 에버하르트 베트게(Eberhard Bethge)가 편집한 *Letters and Papers from Prison*(SCM Press, 1967)에서 가져온 것이다. 본회퍼의 사상과 신앙을 더 깊이 알기를 원한다면 다음의 번역서들이 도움이 될 것이다. 『나를 따르라』(신앙과 지성사, 2013), 『신도의 공동생활』(대한기독교서회, 2010), 『옥중서간』(대한기독교서회, 1995).

'순수 문학' 파문이 남긴 것

2013년 가을, 우리나라 문학잡지 중 지령誌齡이 가장 오래된 《현대문학》이 문단에서 파문을 일으켰다. 발단은 《현대문학》 측이 장편소설을 연재하고 있거나 하기로 했던 이제하, 정찬, 서정인 작가의 작품을 거부한 데서 시작됐다. '순수 문학을 지향하는 잡지이기 때문에 어떠한 이유로든 정치적으로 가시화된 작품을 다루지 않겠다.'는 것이 《현대문학》 측의 변명이었다.

이 사실이 알려지자 젊은 작가들을 중심으로 여러 문인들의 원고 게재 거부와 '현대문학상' 수상자들의 수상 거부로 이어졌고, 《현대문학》은 편집주간과 자문위원들이 사퇴함으로써 사태를 수습하려 했다. 문학평론가 고봉준 경희대 교수는 《현대문학》의 처사를 일제 총독부의 '검열'에 비유하면서, "문학의 '순수'는 문학이 이데올로기의 전달 수단이나 현실 정치의 도구로 전락해서는 안 된다는 것이지 문학이 정치와 현실에 대해 말해서는 안 된다는 것이 아니다."라고 말했다. 〈한겨레신문〉, 2013. 12. 16.

비슷한 맥락에서 최근 한국 사회에서 종교의 정치 참여에 대한 논쟁이 일어난 바 있다. '순수 문학'의 파문을 비롯한 일련의 사태를 보면서, '순수 종교'에 대해서도 고민해 볼 수 있지 않을까 생각했다. 이와 관련해 디트리히 본회퍼Dietrich Bonhoeffer의 『옥중서간』은 우리에게 참 기독교, 순수한 기독교가 무엇인지 보여 주는 다림줄과 같다. 본회퍼가 나치 치하에서 형장의 이슬로 사라진 지 벌써 70년이 넘었지만, 그의 사상과 신학이 녹아 있는 『옥중서간』은 작금의 한국 교회와 신앙인들에게 더욱 회람되어야 하는 책이다.

이 글에서는 먼저 본회퍼의 생애와 배경을 통해 그의 신학이 어떻게 형성되었는지와, 『옥중서간』에 나타난 그의 '경건과 저항'의 영성이 오늘날 우리에게 어떤 의미가 있는지를 살펴보고자 한다.

본회퍼와 옥중서간

디트리히 본회퍼는 1906년 독일 브레슬라우Breslau에서 아버지

카를Karl 본회퍼와 어머니 파울라Paula 사이에서 태어났다. 그는 신학적 전통이 유명한 튀빙겐Tübingen에서 공부했으며, 『신도의 공동생활』Sanctorum Communio이라는 제목의 논문으로 박사학위를 받았다. 1933년 나치 치하 독일 교회들이 히틀러의 비위를 맞춰 가며 그의 목소리를 대변할 때, 본회퍼는 마르틴 니묄러Martin Niemöller가 주도하는 '고백 교회'Confessing Church를 세우는 데 동참하며 나치에 저항했다.

그 후 본회퍼는 라인홀트 니부어Reinhold Niebuhr의 권유로 나치의 박해로부터 몸을 피해 뉴욕으로 건너갔다. 그러나 "내가 이 어려운 시기에 나의 조국과 함께하지 않는다면 독일이 다시 재건될 때에 나는 조국에 할 말이 없을 것이다."라는 말을 남긴 채 다시 조국 독일로 돌아왔다. 계속해서 반 나치 지하 운동을 펼치던 본회퍼는 1943년에 체포되어 테겔Tegel 형무소에 2년 동안 수감생활을 하던 중 나치 패망을 몇 달 앞둔 1945년 4월 9일 다른 동료들과 함께 운명을 다하고 말았다. 이 시기에 그는 편지를 통해서 자신의 원숙한 신앙을 부모와 절친한 벗 베트게Eberhard Bethge 등과 나누었는데, 편지와 더불어 기도문과 시 그리고 여러 에세이 등을 함께 보내었다. 그가 타계한 뒤, 베트게가 그의 글들을 모아 정리하여 출간한 것이 바로 『옥중서간』이다.

이 책을 처음 접하는 독자들은 신영복 교수의 옥중 서간집 『감옥으로부터의 사색』처럼 인간 밑바닥의 고뇌를 담은 수려한 문체를 기대하겠지만, 본회퍼의 『옥중서간』은 철학과 신학이 깊이 반영된 책이라 쉽게 읽히지는 않는다. 이 책에 담긴 본회퍼의 주요 신학 사상의 핵심을 요약하자면, '(머리가 커져 버린) 세상에 대한 이해'The secular interpretation와 '비종교로서의 기독교'Religionless Christianity, 그리고 '타자를 위한 존재'Being there for others라 할 수 있을 것이다.

비종교적 기독교

먼저, 본회퍼의 '세상에 대한 이해'는 19세기 독일 철학자 빌헬름 딜타이Wilhelm Dilthey의 영향을 받아 형성된 것으로 보인다. 딜타이에 따르면 인간은 르네상스와 계몽주의 시대를 거치면서 인간 자신의 주체성을 깊이 깨닫게 되었고, 신의 존재를 더 이상 긴급할 때 부르는 임시방편의 존재나 자기 편의를 위해 임의로 쓰는 존재로 인식하지 않게 되었다. 이전에는 사람들이 위급한 순간에는 신을 부르며 도움을 요청했는데, 이제는 자신의 힘과 지식을 의지해서 문제를 해결하려는 세상이 되었다는 것이다. 이런 딜타이의 영향으로 본회퍼는 오늘날 우리가 살아가는 세상을 '어른이 된 세상' A World come of age, 곧 이미 머리가 커져서 더 이상 하나님의 존재를 찾지도, 의지하려 하지도 않는 세상으로 보았다. 이러한 세상에 대한 이해를 바탕으로 그는 '비종교적 기독교'와 '타인을 위한 존재'를 이야기했다. 본회퍼의 이 두 용어 안에 들어 있는 '경건과 저항'의 영성은 삶의 자리에서 구체적인 예수의 길을 보여 주는 현장의 영성이다.

그렇다면 '비종교적 기독교'란 무엇을 의미하는 걸까? 본회퍼는 기존 종교의 개념, 즉 임시방편의 신 또는 복을 주는 신을 거부하였다.

> 종교적인 인간은 인간의 인식이 막다른 골목에 다다를 때라든가 (대부분 본인들이 치밀하지 못하거나 자신들이 게을러서 생기는 경우이지만) 인간 능력의 한계를 경험할 때 신을 찾곤 한다. 사실 이런 신은 대부분 '기계장치의 신' deux ex machina이다. 인간은

> *스스로 해결할 수 없는 문제에 부딪히거나 해결할 수 없는 상황일 때만 이런 신을 부른다.* 154쪽.[06]

그는 신은 평소에는 삶의 끝자리로 밀어냈다가 자기 힘으로 문제를 해결하려다 안 될 때만 부르는 존재가 아니며, 교회는 "삶의 중심에 세워져야 한다." 155쪽 고 확신하였다. 그리고 그리스도인은 삶의 모든 현장, 곧 시장, 실험실, 국회의사당 등에서 주도성과 책임성을 가지고 살아가야 한다고 믿었다. 그는 그리스도인들이 그러한 책임을 저버리는 것을 그릇된 경건으로 도피하는 것이라 말한다.

> *여러분은 오늘 자신의 행위에 대한 책임을 확신을 품고 져야 하며, 확신을 품고 하나님의 손에 맡겨야 합니다. …그렇지 않는다면 그것은 그릇된 경건으로 도피하는 것이 될 것입니다.* 48쪽.

---

06 이 후의 모든 인용문들은 필자의 번역으로 다음의 책에서 가져온 것이다. Dietrich Bonhoeffer, *Letters and Papers from Prison*, ed. Eberhard Bethge. Norwich, UK: SCM Press, 1967.

거꾸로 이해하면 본회퍼에게 참된 경건이란 기독교인이 자기 삶의 현장에서 모든 말과 행동에 책임을 갖고 살아가는 것이다. 그는 교회가 '화해'와 '속죄' 같은 주제들을 세상에 대한 책임을 도외시한 채, 추상적으로만 사용하려고 몸부림쳐 왔기에 진정 인간과 세계를 위한 화해와 구원의 말씀을 담당하는 자가 될 수 없었다고 진단한다. 175쪽. 그에게 경건은 '종교적 모양'과 '세상적 외침'이 함께 공존하는 것이다.

> 우리가 기독교인이라는 것은 다음의 두 가지 존재 방식으로만 성립한다. 즉, 기도하는 것과 인간 사이에서 정의를 행하는 것이다. 175쪽.

그래서 본회퍼는 삶의 끝자리로 밀려난 기존의 '종교적 기독교'를 거부하고, 오히려 '어른이 된 세상' 한가운데 신을 위치시키는 '비종교적 기독교'를 주창하였다. 그는 삶의 주변부에 있다가 위급할 때에만 갑자기 나타나는 슈퍼맨 같은 전능자 하나님을 찾는 것이 경건이 아니며, 삶의 한복판에서 악함과 고통 중에 계시는 하나님을 찾는 것이 진정한 '경건'이라고 말한다.

타인을 위한 존재

본회퍼의 이런 기독교 이해는 자연스럽게 '타인을 위한 존재'로서의 기독교로 이어졌다. 그는 삶 속에서 '비종교적' 행보를 걸었고 이런 삶은 고통받는 '타인'과 함께 있는 행동praxis을 통해 구체화되었다. 고통을 받는 자들과 함께하는 그의 비종교적 '경건'은 가해자들에 대한 '저항'으로 나타났다. 이러한 그의 삶은 그리스도에 대한 이해에 바탕을 두고 있다.

본회퍼는 예수의 삶 역시 세속적 삶에 기반한 타자를 위한 삶임을 주장한다. 예수는 "타인을 위한 인간"이시며 "오직 이웃을 위해 십자가에 못 박히신 분이다.210쪽 그리고 그런 타자를 위한 삶은 기득권층에게는 '저항'이 되었다. 그러므로 하나님과 우리의 관계는 "예수께서 거하시는 현장에 참여함을 통한 '이웃과 함께하는 실제 행동' 안에서 맺어진다."210쪽 예수 그리스도와의 만남 또는 연합은 타인을 위한 그분의 행동에 동참할 때 이루어진다.

> 예수 그리스도와의 만남. 그것은 인간 전 존재의
> 전환이 일어나는 경험이요, 오직 '타인을 위해서

존재하는' 경험이다. ···'타인을 위해서 존재한다는 것'이 무엇을 의미하는가? 우리들의 교회는 오만의 죄, 권력 숭배의 죄, 시기와 환상주의의 죄에 대해서 그것을 모든 악의 근원으로 보고 저항하지 않으면 안 된다. 210-211쪽.

『옥중서간』에 나타난 본회퍼는 어떤 인물인가? 그는 신의 가호가 없는 가난과 아픔과 불안은 저주라고 퍼붓는, 번영 신학에 물든 강단의 메시지를 거부한 사람이다. 그는 '비종교적 영성'을 지니고, 고통받는 이웃과 함께하는 예수님을 말하며, 예수님이 그러하셨듯이 기득권을 향해 '틀린 것은 틀렸다.'라고 외칠 수 있는 '저항 정신'을 지닌 인물이었다.

순수 종교, 순수 기독교란···

《현대문학》에 글을 싣기를 거부한 문인들이 한평생 문학을 통해 말하고 싶은 것은 무엇일까? 그것은 인간 군상들의 눈물과 고통을 글로 풀어내는 진정한 의미에서의 순수한 문학이 아닐까? 그러면 무엇이 순수 종교인가? 순수 종교는 현실을 외면하는 종교가 아니다. 정치적으로 예민한 이슈를 배제하는 종교가 아니다. 순수한 기독교는 형이상학에만 머물거나, 산과 교회 건물 속에만 틀어박혀 '주여 주여!' 외치는 종교적 틀을 벗을 때 가능하다. 그리고 삶의 중심부에서 '지금 여기'의 아픔을 품을 수 있는 '비종교성'을 가져야 한다. 그러할 때 약자들을 억압하는 기득권층을 향한 저항의 삶이 살아지게 된다. 이러한 '비종교적 경건'과 '저항'의 영성이 순수 종교로서의 기독교이다.

봄을 기다리는 이 땅, 대한민국에서 무엇이 순수를 추구하는 신앙이며 무엇이 참된 경건일까? 예수님이 보셨던 그 눈높이에서 사람을 보고, 예수님이 품으셨던 그 마음으로 세상을 품고, 예수님이 흘리셨던 그 눈물로 이 땅을 바라보는 순수한 기독인으로서의 우리가 되자. 그런 '타자를 위한 존재들'로 가득한 한국 교회, 한국 사회를 보고 싶다.

21

교회여, 사교클럽에서 벗어나라

마틴 루터 킹의

옥중서신

남기정 kjnam27@gmail.com

사우스 샌프란시스코에 위치한 새열매연합감리교회 목사이며,
GTU의 박사 과정에서 기독교 영성학을 공부하고 있다. 현재는
'존 웨슬리와 초대 교부 마카리우스의 영적 감각론 비교 연구'라는
주제로 논문을 쓰고 있다.

교회여, 사교클럽에서 벗어나라 : 마틴 루터 킹의 옥중서신

본문의 인용문은 마틴 루터 킹 쥬니어의 "Letter from Birmingham Jail"[버밍엄 감옥에서 보낸 편지](1963)에서 가져왔다. 킹 목사는 옥중에서 마땅한 편지지가 없어 여러 조각의 신문지 여백에 이 글을 썼다. 이 조각들이 변호사를 통해 밖으로 전달되었고, 와잇트 워커(Waytt Walker)라는 편집인의 손을 거쳐 *Christian Century*, 1963년 6월호에 처음 게재되었다. 이후 킹 목사 자신의 *Why We Can't Wait*(1964)에 전문이 실렸다. 이 책은 우리말 『왜 우리는 기다릴 수 없는가』(간디서원, 2005)로 번역 출간되었다.

지난 2014년 4월 16일 고난 주간의 수요일, 곧 사순절의 정점에서 너무나 충격적인 죽음을 목도했다. 침몰한 세월호, 그 안에 갇힌 소중한 생명들이 물속에서 스러져가는 것을 그저 속절없이 지켜보아야만 했다. 더디기만 한 수습 과정, 그 와중에 터져 나오는 수많은 의혹과 부당한 처사들에 대한 뉴스…. 이런 것들에 우리는 슬픔을 넘어 분노와 참담함을 느꼈다.

"일부의 불의는 전체의 정의를 위협한다."

이런 일들을 겪던 중, 마틴 루터 킹 목사의 [버밍엄 감옥에서 보낸 편지] Letter from Birmingham Jail, 1963 한 구절이 필자의 마음에 와서 부딪쳤다. 이 편지는 마틴 루터 킹이 1963년 미국 남부의 앨라배마 주 버밍엄 시의 한 감옥에서 쓴 것인데, 당시 그는 흑인에 대한 차별 철폐와 투표권 보장을 주장하며 가두 행진을 벌이다 체포되어 투옥된 상태였다. 이러한 그의 비폭력운동에 대해 여덟 명의 백인 목사들이 "시의적절치 못하고, 어리석은" 행동이라고 비판하자, 그에 대한 대답으로 킹 목사는 A4용지 약 20쪽 분량의 공개 서신을 보냈다. 이 편지에서 그는 다음과 같이 역설한다.

> 어느 한 곳의 불의_{不義}는 모든 곳의 정의를 위협합니다. 우리 모두는 결코 벗어날 수 없는 상호의존의 네트워크 속에 놓여 있기 때문입니다. 색색의 실들이 함께 짜여서 옷감이 되듯이, 우리는 모두 서로 얽혀 하나의 공동 운명체를 이루고 있습니다. 따라서 우리 중 누군가에게 직접 가해진 충격은, 그것이 무엇이든 모두에게 영향을 미칩니다.

사회는 하나의 공동체로 긴밀하게 연결되어 있기 때문에, 어느 한 부분에서 행해지는 불의라 해도 사회 전체의 정의와 안전을 위협한다는 말이다. 세월호 사고를 일으킨 해운사의 사주 일가가 우리 현대사 속에 살아온 과정에도, 노후한 선박의 증축과 운항 과정에도, 이를 관리 감독하는 관계 당국에도 부조리와 편법, 불공정한 관행들이 난마처럼 얽혀 있었다. 솔직히 우리 사회에 이런 면이 있음을 이제까지 몰랐던 것은 아니다. 다만 여러 이유와 핑계를 대면서 이런 불합리한 관행들을 바로잡지 않고 방치하던 중이었다. 그러는 사이 불공정한 일들이 부메랑이 되어 돌아왔고, 이 사회의 상대적 약자들의 존엄성과 생존은 위태로워졌다.

우리가 사회의 각 분야에서 합당한 정의를 세우려는 노력을 좀 더 기울였다면, 우리 사회가 더 정의롭고 더 안전한 곳이 되지 않았을까? 그랬더라면, 이 소중한 생명들을 지켜내고, 온 국민이 큰 충격과 슬픔 속에 빠지는 것을 막을 수 있지 않았을까? 우리 사회를 이렇게 만든 일에 가장 책임이 적은 이들이 이번 사건에서 수없이 희생되었다는 점에서 우리들의 후회는 더 뼈아프고, 슬픔은 더 깊다.

그렇다면 이제 어떻게 해야 할 것인가? 마틴 루터 킹의 편지글은 다음과 같이 고쳐 읽을 수 있지 않을까?

"우리 사회의 어느 한 곳이라도 더 정의롭게 만들어 간다면, 사회 전체가 좀 더 정의롭게 될 것이다."

여기에 이제부터라도 우리가 어떻게 해야 할 것인지에 대한 답이 있다. 킹 목사는 [버밍엄 감옥에서 보낸 편지]의 다른 곳에서 그리스도인들이 사회에서 불의를 몰아내고 정의를 세우는 일이 "초대교회의 희생정신"을 계승하는 일이라고 말한다. 그 희생정신은 "옳다고 믿는 바를 위해 기꺼이 고통을 감내하는 사람들이라고 인정받던" 그리스도인의 성격이다. 이런 희생적 신앙인들은 비난에 굴하지 않고, 자신을 던져 사회의 잘못된 구조를 뒤흔들었다.

> [그들은] 가는 곳마다 그곳의 권력 구조를 흔들어 놓았으므로, 초대 신앙인들은 "사회의 안정을 깨뜨리는 사람들"이라고, "외부로부터 온 낯선 선동자들"이라고 고발당하기 일쑤였습니다. 하지만 그들은 "하나님 나라의 시민"으로서 행동하는 사람들이었으므로, 사람의 말에 복종하기보다 하나님의 뜻을 준행하는 사람들이었습니다. 이런 희생

적 신앙 실천은 결국 유아 살해의 문화에 종지부를 찍었고, 굶주린 맹수들 앞에 자신들을 던졌던 잔혹한 문화에도 종언을 고했던 것입니다.

이 글에 따르면 희생정신을 가진 그리스도인들에게는 "한 사회의 관행과 관습을 바꾸어 내는 변화의 능력"이 있으며, 그러한 변화의 능력을 발휘하는 것이 그들의 본분임을 확인시켜 준다. 그런데 오늘에 와서 교회가 그 초대교회의 희생정신을 망각한다면 어떻게 될까? 킹 목사는 이렇게 단언한다.

교회는 세상에서 그가 지녀왔던 권위를 잃어버릴 것이며, … 그리고 지금 세상에서는 아무런 의미 없는 하찮은 사교클럽 같은 존재로 전락하고 말 것입니다.

그의 이런 경고는 오늘날 한국 교회가 사회적으로 직면하는 비판을 그대로 예언하고 있는 듯하다. 오늘날 한국 교회는 사회 정의를 실현하는 일, 즉 초대교회의 희생정신을 계승하여 실천하는 일을 얼마나 힘써 왔던가? 그러지 못했다면 그 이유는 어디에 있는가?

교회의 사회정의 실천을 가로막는 걸림돌

킹 목사의 옥중서신에서 그 답을 엿볼 수 있다. 그가 우리에게 던지는 가장 통렬한 메시지는 그리스도인들에게 사회정의를 위한 실천이 신앙의 필수덕목임을 잊게 하는 '걸림돌들'에 대한 지적이다.

1. 복음에 대한 그릇된 이해

교회의 사회정의 실천에 걸림돌이 되는 첫째 요인으로 킹 목사는 "복음에 대한 그릇된 이해"를 지목한다. 인권과 정의를 위한 비폭력운동을 비난했던 당시 미국 남부 교회의 지도자들에 대해 킹 목사는 그들이 편협한 이원론에 갇혀 있다고 말한다. 그들이 비폭력운동을 부정적으로 보는 이유는 "영과 육, 지상과 하늘에 대한 기괴한 이원론"에 붙잡힌 나머지, "하나님의 정의에 입각한 온당한 정의의 외침"에 대해서는 진지하게 고민해 보지도 않고, "복음과 관계없는 사회적 이슈"라고 쉽게 속단하기 때문이라는 것이다.

킹 목사의 이런 지적은 한국 교회에 던지는 예언적 선포처럼 들린다. 오늘의 우리들 가운데에도 복음에 대한 편협한 이해에 붙들려, 정의를 세우는 일을 외면하거나 그런 일을 하는 이들을 비난하는 목소리는 없는가? 우리가 직시해야 할 것은 킹 목사를 비난하던 사람들이 틀렸다는 것이 분명히 드러나는 데 그리 오랜 시간이 걸리지 않았다는 사실이다.

2. 법에 대한 부정확한 이해

사회정의에 대한 우리의 인식을 흐리는 또 하나의 걸림돌로, 킹 목사는 "법에 대한 부정확한 이해"를 지적한다. 법에 대한 그리스도인의 태도는 어떠해야 하는가? 킹 목사는 아퀴나스 Thomas Aquinas, 1225-1274의 글을 인용하면서, 법에는 "정의로운 법"과 "불의한 법"이 있다고 말한다. 불의한 법은 "영원한 진리와 자연법"을 거스르는 인간적 조치들이다. 즉, 정의로운 법은 인간성과 그 존엄을 세우는 법이며, 불의한 법은 이것들을 약화시키고 파괴하려는 조치들이다.

그리스도인들은 땅의 제도 속에서 살아가지만 '하나님의 백성'이다. 그러므로 그리스도인들은 불의한 법에는 비폭력으로 저항하고, 정의로운 법은 어떤 어려움이 있어도 지켜 나가야 한다. 예를 들면, 히틀러 통치 아래 독일에서는 유대인을 돕는 것은 '불법'이었다. 하지만 기독교인이라면 그런 법에도 불구하고 당연히 유대인을 도와야 한다. 이것이 법에 대한 그리스도인의 바른 태도이다. 아우구스티누스 Augustinus of Hippo, 354-430는 말한다.

> "부당한 법은 절대로 법일 수 없다."

3. 평화와 갈등에 대한 피상적 이해

갈등에는 '창조적 갈등'과 '파괴적 갈등' 두 가지가 있다. 그리스도인은 파괴적 갈등에 대해서는 결단코 반대해야 한다. 하지만 창조적 갈등은 이 땅에 하나님의 정의를 세워 가는 데 중요한 요소이다. 킹 목사는, 소크라테스의 말을 인용하면서 이렇게 말한다.

> 창조적 갈등은 우리가 그릇된 맹신의 질곡에서

> 벗어날 수 있게 하며, 진실과 허위가 교묘하게 뒤섞여 있는 미망迷妄의 상황에서 진실을 명확하고 객관적으로 분별할 수 있도록 우리를 이끌어 준다. 따라서 이러한 갈등은 인류 진보에 중요한 요소이다.

그러므로 그리스도인들은 단지 긴장과 갈등이 없는 "부정적 평화"에 안주하려 하기보다는 "정의가 존재하는 긍정적 의미의 평화"를 향해 나가기 위해 창조적 갈등을 기꺼이 감수해야 한다.

4. 시간에 관한 신화적인 믿음 the myth of time

> 모든 정의는 더디지만 언젠가는 이루어질 것이다. 시간이 흐르면서 모든 것은 정의롭게 이루어져 갈 것이다.

킹 목사는 이와 같은 말들을 경계하라고 말한다. 이 말들은 근거 없는 논리에 바탕을 둔 허위이기 때문이다. 그에 따르면, "사실 시간은 언제나 중립적이다. 창조적으로 쓰일 수 있지만, 파괴적으로 쓰일 수도 있다. 악한 의도를 가진 사람들이 선한 의도를 가진 사람들보다 시간을 훨씬 효율적으로 사용하는 것 같아 보일 때가 많다."

모든 인류의 진보와 정의는 절대로 저절로 이루어지는 것이 아니다. 그것은 "하나님의 동역자로 살기로 결단한 사람들의 지치지 않는 노력과 끊임없는 분투의 결과로 우리에게 주어지는 것이다. 이러한 부단한 노력이 없다면 시간은 모순된 사회 현실을 그대로 유지하려는 세력의 동맹군이 될 것이다." 그러므로 킹 목사는 현실의 부조리에 대한 신중한 고려 없이 "좀 더 기다려 보자"고 말하는 것은 하나님의 정의를 극렬하게 반대하는 사람들의 태도만큼이나 위험하다고도 말한다.

그에 의하면, '기다려 달라'는 말은 대개의 경우 '절대로 안 돼!'를 의미한다. 이런 말은 탈리도마이드[07]가 주는 안정감과 같다. 감정적 압박을 잠시 이완시켜 줄 수 있겠으나, 결국 좌절이

---

07 탈리도마이드(Thalidomide)는 진정 수면제의 일종으로 임산부가 복용하면 기형아 출산을 야기했던 약물

라는 기형아를 낳고 만다." 우리는 그간 온갖 불의를 그냥 둔 채 '언젠가는 잘 되겠지', '서서히 바로 잡아야지'라는 식의 유보적 태도로 살아오지 않았던가? 그러는 사이 우리 사회에는 기형적 관행들이 자라나서 우리 사회를, 이번과 같은 참사를 불러들이는 위험한 곳으로 만들어 간 것은 아닐까?

'사교클럽'이 되지 않기 위하여

세월호 사건이 남긴 상처를 치유하기 위해서는 이러한 참사를 야기했던 원인들, 구조 과정을 어렵게 했던 요인들, 이에 얽힌 부조리들을 바로잡는 과정을 반드시 거쳐야 한다. 즉 우리 사회에 정의를 바로 세우는 노력 없이는 아무리 사람들의 마음과 감정을 위로한다 해도 진정한 치유, 온전한 회복은 기대할 수 없을 것이다. 설사 망각으로 아픔을 느끼지 않게 된다고 하더라도, 사회의 변화가 없다면 사고는 반복될지도 모른다.

결단코 이런 일은 다시는 없어야 한다. 그러므로 우리는 "사회의 그릇된 관행을 바꾸는 일"에 깊은 관심을 가져야 한다. 무엇보다 우리 그리스도인들이 사회정의를 세우는 일에 더욱 분발해야 한다. 어떤 이들은 변화를 요구하는 행동을 '선동'으로 매도하고 '침묵'과 '기도'를 명령하지만, 행동으로 열매 맺지 않는 침묵과 기도는 헐벗은 이에게 따뜻하게 지내라고 말만 하고 실제적인 책임은 회피하는 것과 마찬가지이다약 2:14-17.

나아가 정의를 세우는 일은 이번 사건의 희생자들의 죽음을 의미 있고 고귀한 것으로 승화시켜 나가는 길이다. 또한 그들을 기억하는 많은 이들의 마음의 상처를 진정으로 치유하는 데 필수적인 일이고, 나아가 우리 사회를 더 안전한 곳으로 만들어가는 일이다. 이 일은 우리가 '사교클럽'으로 전락하지 않고 초대교회로 돌아가 그들의 희생적 신앙을 계승하는 길이다.

22

김교신과 '민본'의 기독교

이경희　　lovebible66@gmail.com

미국 새크라멘토 시온장로교회 청년 담당 목사이며, GTU의 박사과정에서 기독교 영성학을 공부하고 있다. 성경이 어떻게 사람들의 삶을 변화시키고 영성을 고취할 수 있을지에 관심이 많으며, 이를 위한 방법론으로 폴 리쾨르의 해석학과 르네 지라르의 모방 욕망 이론을 연구 중이다.

김교신과 '민본'의 기독교

이 장에서 언급한 김교신의 글들은 KIATS에서 엮은 『김교신』(홍성사, 2008)에서 인용한 것이다. 김교신의 사상과 신앙을 더 깊게 공부하기를 원하면 전인수의 『김교신 평전: 조선을 성서 위에』(삼원서원, 2012)와 그의 영적 스승으로 알려진 우찌무라 간조의 글 『내촌감삼 전집』(크리스챤서적, 2000)도 도움이 될 것이다.

민주노동당 당원으로 시작해서 새누리당 의원 보좌관을 지낸 특이한 이력의 작가 정현민의 사극 〈정도전〉이 지난 2014년 안방극장을 뜨겁게 달궜다. 이 드라마가 많은 인기를 누린 데에는 "정치엔 선물이란 없네, 나중을 위해 주는 뇌물만 있을 뿐" 등과 같은 촌철살인의 대사가 한몫을 한 것으로 보인다. 아울러 '정도전'이라는 정치가에게서 나는 사람 냄새가 이 시대를 살아가는 민중들에게 큰 울림을 주었기 때문일 것이다.

유배 시절 사상적 벗이자 스승인 삼봉 정몽주에게 받은 『맹자』를 읽으며 개혁을 꿈꾸던 정도전은 서민들이 짐승보다 못한 삶을 사는 것을 보면서 일생일대의 대전환을 맞는다. 그리고 그는 이성계와 함께 민초들이 살갗으로 느낄 수 있는 토지문제, 즉 인권에 본의를 두고 새 나라를 꿈꾸기 시작했다. 이것이 곧 '민본' 民本이다. 나라의 근본은 백성에게 있으며, 나라를 통치

하는 힘은 권력을 가진 소수가 아닌 모든 국민으로부터 나온다는 것이 민본 사상이다. 대한민국 헌법 제1조 1항과 2항에 명시되어 있듯이 오늘날 대한민국도 이런 민본 사상 위에 세워졌다. 영화 〈변호인〉의 유명한 대사처럼 '국가란 국민이다.' 국민이 국가를 위해 존재하는 것이 아니라, 국가가 국민을 위해 존재한다.

복음이 선포하는 하나님 나라도 마찬가지다. 이사야 61장 1절의 말씀처럼 복음은 가난하고, 상하고, 포로되고, 갇힌 하나님의 자녀들을 향한 기쁜 소식이다. 약 2천 년 전 팔레스타인에 선포된 복음, 그리고 한반도에 뿌려지고 싹튼 복음은 가지지 못한 자, 배우지 못한 자, 헐벗은 자 등 모든 이들을 하나님 나라로 초대한다. 물론 하나님 나라는 사람들이 아닌 하나님께서 통치하시는 나라이며, 소수의 지배층만이 아니라 모든 백성들이 차별 없이 하나님 나라의 구성원이 된다. 또한 하나님 나라는 그 백성들을 통치 권력 유지를 위한 도구로 삼는 것이 아니라, 백성들의 샬롬을 위해 존재한다.

이런 점에서 하나님 나라의 복음은 민본 사상과 통하는 면이 있다. 한국 교회가 낳은 탁월한 교육자이며 기독교 사상가인 김교신1901-1945은 이와 같은 '민본 복음'을 이 땅에 온 몸으로 꽃피우려 한 사람이었다. 김교신의 발자취를 따라 걷다보면 정도전의 냄새도 맡을 수 있고, '민본 기독교'의 의미도 찾을 수 있다. 이 글에서는 먼저 김교신의 생애를 간략하게 살피고, 그러한 삶을 통해 형성된 신앙관을 조명할 것이다. 그리고 마지막으로 그가 우리에게 남긴 각별한 유산을 헤아려 보고자 한다.

민초들을 일깨우고 돌보다

김교신은 1901년 4월 18일 함경남도 함흥의 유가 가문에서 태어났다. 약관의 나이에 '자기완성을 위한 유교적 수양의 길'과 '기독교적 구원의 길' 사이에서 고뇌하다가 일본 유학시절인 1920년 6월, 도쿄에 있는 성결교회에서 세례를 받고 기독교인이 되었다. 그의 사상적 스승은 일본의 근대 기독교 지도자이자 사상가인 우치무라 간조 內村鑑三로, 김교신은 1921년 1월부터 귀국할 때까지 약 7년간 그에게 성서를 배웠다. 그리고 그는 1927년 귀국하여 고향인 함흥의 영생여자고등보통학교 교사가 되어 봉사하다가 이후 서울의 양정고등보통학교, 경기중학교 등에서 약 15년간 교육을 통한 민족의식 각성에 힘을 쏟았다.

한편 그는 일본에서 귀국한 직후인 1927년 7월부터 함석헌,

송두용 등과 함께 《성서조선》을 발행하였는데, 이 《성서조선》 이야말로 김교신의 사상적 깊이를 엿볼 수 있는 중요한 잡지이다. 《성서조선》은 그들이 습득한 교리와 정보가 나열된 잡지가 아니라, 김교신과 그의 동료들이 조국을 향한 애끓는 사랑을 담아 '조선의 기독교'를 세워 나간 작품이라 할 수 있다. 그들은 총독부의 검열로 인해 삭제, 발행 금지 처분을 받으면서도 1942년 3월 폐간될 때까지 총 158호를 발간했다. 그 후 김교신은 일본 질소비료흥남공장에서 일제의 감시 아래에서도 노동자들에게 한글과 성경을 가르쳤으나 발진티푸스에 걸린 노동자들을 철야로 간병하던 중 감염되어 해방을 3개월 앞둔 1945년 4월 25일에 병사하고 말았다.

민초들을 위한 복음

김교신에게 신앙생활이란 무엇일까? 그에게 신앙은 하나님을 이용해 자기만족 혹은 성취를 추구하는 수단이 아니다. 혹은 유익을 위해 숙련된 기술자처럼 요리조리 하나님을 이용하는 것도 아니다. 오히려 진리와 정의를 위해서는 자기의 유익을 구하지 않고, 일사각오의 정신을 고수하며 사는 생활이다. 그는 다니엘과 그의 친구들이 바벨론에서 신앙을 지킨 이야기를 예로 들며, 기독교의 신앙생활은 "망하면 망하리라"는 각오와 믿음으로 정의를 행하며 사는 것이라고 강조한다.

> [다니엘과 그의 친구들은] 다만 망하면 망할지라도 의에 합당한 것, 신의에 합한 일이면 감행하고, 땅 짚고 헤엄치듯이 안전한 일이라도 불의한 것은 거절한 것뿐입니다. … 신앙생활은 기술이 아니라, 천하의 대도, 공의를 활보하는 생활입니다. '망하면 망하리라'는 각오로써. 「김교신」, 홍성사, 40-41쪽.

그가 이러한 일사각오의 정신을 강조한 이유는 당시의 교회가 이런 정신을 잃고 교세 확장에만 치중하고 있다고 보았기 때문이었다. 김교신은 신자들이 영혼을 구원한다는 명목으로 전도를 열심히 하지만, 실은 불쌍한 영혼들을 하나님이 아닌 '장로교'나 '감리교' 등의 자기가 속한 교단과 교회로 끌어가려 한다고 통탄한다. 그에 의하면 "오늘날 교회의 신앙은 죽었"다.27-28쪽 그렇지만 김교신은 일제의 외적인 탄압과 교회의 내적 변질 속에서도 희망을 잃지 않는다. 그는 「조와」弔蛙, 개구리의 죽음을 애도함라는 글에서 신사참배를 강요하는 모진 박해 속에서도 변절하지 않은 신앙인이 남아있음을 말한다. 이 글에는 개구리로 비유된 조선의 그리스도인들에 대한 그의 깊은 관심과 애정이 드러난다.

> 봄비 쏟아지던 날 새벽, 오래간만에 친구 와군(개구리)들의 안부를 살피고자 담 속을 구부려 찾았더니 오호라, 개구리의 시체 두세 마리 담 꼬리에 부유(죽어서 물위에 떠다님)하고 있었습니다. … 혹한에 동사한 개구리 시체를 모아 매장하여 주고 보니, 담[아래]에 아직 두어 마리 기어 다닙니다. 아, 전멸은 면했나 봅니다!「김교신」, 174쪽.

이 글로 인해 결국 《성서조선》은 폐간당하고, 김교신은 일본 경찰에 의해 취조를 받는 고초를 겪었다. 그는 이런 고초를 겪으면서도 가난하고 약한 이들을 위한 희망의 복음을 전하기 위해 노력했다. 그는 지고한 사상, 곧 하나님의 경륜에 관한 사상은 "특히 가난하고 약하고 멸시당하고 유린당하여 생래의 교만의 뿌리까지 뽑힌 자에게만 계시되는" 200쪽 듯하다고 생각했다. 김교신에 의하면 하나님은 "교만한 자를 흩으시고 권위 있는 자를 낮추시고 낮은 자를 높이시며, 부자를 공수로 보내시고 주린 자를 포식케 하시는" 분이시다. 48쪽 이렇게 가난과 굶주림과 애통이 행복으로 바뀌는 가치의 전복은 예수 그리스도를 통해 일어난다. 이것이 김교신이 이해한 '민본 복음'이다.

> 예수 그리스도의 탄[생]은 인간 가치의 총 전복을 의미하는 것입니다. … 인생의 갈구하던 행복의 표준이 전도되었습니다. 빈자와 주린 자와 애통하는 자가 행복한 자가 되고 배부른 자와 웃는 자가 화스러운 자가 되었습니다. 「김교신」, 48-49쪽.

복음 그리고 봄

그의 《성서조선》은 바로 이런 그의 민본 사상의 결정체이며, 그의 조선 사랑에 대한 열매라 할 수 있다. 그는 《성서조선》을 신학사상 논쟁집이나 소개서로 이용하지 않고, 성서를 통해 민초들에게 하나님의 뜻을 풀어주는 순수한 복음지로 사용하였다. 이것은 가히 한국 신학이 전무하고 한국적 상황에 성서학이 무지했던 시대에 선각자적인 행보였다. 그것도 식자들을 위한 쟁론지가 아닌 백성들을 위한 해설서의 성격이 강했으므로, 이것이야말로 백성을 중심으로 생각한 '민본 복음'의 실천이라 할 수 있다.

> 《성서조선》의 필자들은 신학을 논평할 줄 모릅니다. … [이것은] 신학의 무용을 주창하고자 하여서가 아니라, 《성서조선》지의 본령이 아닌 까닭입니다. 본지는 성서, 그 물건을 깊이 미해[뜻을 풀어 파헤침]하여 그리스도의 말씀, 사도들의 신앙 그대로 전달하면 족할 뿐입니다. 새로운 것도 없이 2,000년 전의 기록 그대로에서 영혼의 양식을 발굴하고자 합니다. … 신학자가 멸시하려거든 하십시오. 교권자가 핍박하려거든 하십시오. 죽음에 임한 나환자가 읽고 환희하여 '하나님을 찬송할 만한 문자가 《성서조선》의 주조로 기재되어 있

다.' 할진대, 그것이 복음입니다. 「김교신」, 33–34쪽.

    민초들을 향한 이와 같은 사랑은 글을 넘어 그의 삶을 통해서 실현되었다. 그는 사람들이 꺼리는 탄광촌을 찾아가 노동자들 속에서 민본의 복음을 실천하다가 해방을 눈앞에 두고 하나님의 부르심을 받았다. 이처럼 김교신이 이해한 복음, 그가 이 땅에 피워내기 위해 생명을 바친 복음은 인생의 추운 겨울, 거적때기 하나 걸칠 수 없는 자들을 위한 복음이다. 그런데 과연 지금의 교회는 누구를 위한 복음을 전하고 있는가? 생때같은 자식들을 바다에 잃고서 제2, 제3의 피해자가 없기를 바라는 마음으로 특별법을 요구하는 유가족들에게 교회는 벗이 되어주고 있는가? 아니면 이 교회는 정한론征韓論에 물든 발언을 쏟아내는 소위 뉴라이트 계열의 목사들과 교회 중직자들의 벗이 되고 있는가?

    모든 통치의 힘이 소수 특권층이 아닌 모든 백성에게서 나온다는 것이 정도전의 민본 정치라면, 구원의 복된 소식이 가진 자와 배운 자뿐 아니라 가지지 못한 자와 배우지 못한 자에게도 흘러가야 한다는 것이 김교신의 '민본 기독교'일 것이다.

이 '민본 기독교'는 절대로 소수의 특권층을 위한 병풍 역할로만 머물고 그쳐서는 안 된다. 김교신이 외친 '민본 기독교'는 우리 주변의 차상위 계층으로 법의 사각지대에 있는 이들, 허망한 사고로 인해 관심을 받았지만 점점 대중에게 잊혀져 가는 이들, 아픔을 당해도 찾아가 호소할 곳이 없는 이들의 벗이 되어 주어야 한다. 김교신이 백성을 하나님 나라의 근본으로 여기고 그들과 함께했던 복음의 삶을 살았던 것처럼, 이 땅의 기독교도 관심 받지 못하는 민초들을 중심에 두고 다시 일어나야 한다.

김교신은 떠났다. 하지만 그의 민본 복음 사상은 겨울과 같이 혹독한 오늘을 살아가는 우리에게 봄에 대한 희망을 갖게 한다.

> 모진 동결[딱딱하게 굳음]은 고통과 절망을 심각하게 하나 춘양[봄볕]의 기쁨을 절대[월등하게 큼]하게 합니다. 지금 우리에게 임하는 모든 동상[추위로 인해 상함]은 춘양의 부활을 확연히 하고자 하는 데 없을 수 없는 과정입니다. 우리의 소망은 오직 부활에 있고 부활은 봄과 같이 확실히 임합니다. 『김교신』, 213쪽.

23

힐데가르트의 '비리디타스'와 여성 리더십

정승구 sori73@gmail.com

미국 프리몬트의 로고스교회 목사이며, GTU의 박사 과정에서
기독교 영성학을 공부하고 있다. '레비나스(Emmanuel Levinas)의
타자 윤리학에 기초한 해석학적 영성'을 연구하고 있다.

힐데가르트의 '비리디타스'와 여성 리더십

힐데가르트는 한국에서 주로 음악 작곡가로 소개되어 왔지만, 그녀의 사상을 살펴볼 수 있는 주목할 만한 참고서로는 우리나라 빙엔의 전문가인 정홍규 신부가 지은 『빙엔의 힐데가르트』(푸른평화, 2004)와 전문 번역가 이나경이 번역한 『세계와 인간』(올댓컨텐츠, 2011) 등이 있다.

최초의 여성 대통령과 여성 리더십

지난 2013년 2월 대한민국 최초의 여성 대통령이 취임했다. 여성 대통령이 등장한 이후 우리 사회 전반에 걸쳐 여성 리더십에 대한 이야기가 많이 오가지만, 대부분 '엄마 같은 따뜻함' '부드러움' '섬세함' 등을 갖추어야 한다는 추상적이고도 얕은 수준을 넘어서지 못한다. 이런 논리들은 단지 여성에 대한 사회적 편견 또는 통속적인 관념을 그대로 투사projection하는 것일 수도 있다. 오늘날도 이런 수준이라면, 과거에는 어떠했을까?

지금으로부터 약 1천 년 전 이른바 중세 중기시대High Middle Age에는, 가정에서는 가부장적 위계질서가, 교회에서는 남성 성직자의 권위가 절대적이었다. 이러한 사회에서 여성들의 역할은 대체로 가정 안에서의 아내나 어머니로 제한되었고, 그 역할을 넘어 사회에서 리더십을 보이는 여성들은 극단적인 경우

이단으로 정죄당하기까지 했다.

하지만 몇몇 경건한 여성들은 사회가 요구하는 아내 또는 어머니라는 제한된 정체성에 갇히지 않고, 거룩한 삶을 살고 자아를 실현할 수 있는 새로운 길을 모색했다. 그 결과 중세의 여성들은 수도원에서 독신 수도자anchoress로 살거나, 베긴회Beguines와 같이 사회에 적극 참여하는 여성 공동체를 이루는 등 점차 다양하게 삶의 범주를 넓혀 갔다. 그리하여 이른바 '중세 여성들의 영성 시대'가 열리게 된다.

많은 역사가들은 이 시기 여성 신비가들의 활동을 가부장적 신앙 체계에 대한 '대안 영성' 또는 남성 중심의 사고 체계를 극복하는 '새로운 신앙운동'으로 평가한다. 이러한 대안 영성, 새로운 신앙운동의 중심에 섰던 여성이 바로 빙엔의 힐데가르트Hildegardis Bingensis, 1098-1179다.

빙엔의 힐데가르트와 비리디타스

최초의 여성 수도원장, 전기가 남아있는 최초의 여성 작곡가 등 다양한 분야에서 '최초의 여성'이라는 수식어를 가진 특출한 여성인 힐데가르트는, 1098년 지금의 독일 영토인 뵈켈하임

Böckelheim에서 귀족 가문의 열 번째 자녀로 태어나 여덟 살 되던 해에 '가정의 십일조'로 수도원에 맡겨졌다. 그녀는 여덟 살 때부터 환상을 본 것으로 전해지는데, 당시 사회 여건상 그러한 사실을 숨기다가 마흔세 살 때 "네가 본 것을 적어 세상에 알리라"는 강한 음성을 들은 후 10여 년에 걸쳐 『길을 알라』Scivias는 역작을 저술했다. 그녀는 신학자로서뿐 아니라, 작곡가, 시인, 의학자, 식품학자로서 다양한 작품과 저술을 남겼다.

힐데가르트의 방대한 사상과 영성을 관통하는 키워드는 '비리디타스viriditas'이다. 비리디타스는 라틴어 'virtus' virtue:덕, vis strength:힘, 그리고 'vita' life:생명가 결합된 말인데, 힐데가르트는 자신의 다양한 작품과 글을 통해 비리디타스를 '녹색 생명력' '푸르른 힘' 또는 '만물에 깃든 생명력'을 나타내는 의미로 사용했다. 매튜 폭스Matthew Fox나 바바라 뉴먼Barbara Newman 같은 학자들은 힐데가르트의 비리디타스 사상은 이전의 남성들에게서는 볼 수 없었던 그녀의 독특한 창조 영성, 생태 영성의 특징을 보여 준다고 평가한다. 힐데가르트는 비리디타스를 통해 모든 창조물 안에 하나님의 영과 그 영이 전하는 치유력이 담겨 있다고 말한다.

어떠한 생명도 죽어야 할 운명에서 나오는 것은 없습니다. 생명은 바로 생명 안에 있습니다. 따라서 한 그루의 나무는 자신에게 생명을 주는 수액을 통해 자라고, 하나의 돌조차도 그 안의 습기가 없다면 존재할 수 없습니다. 이처럼 모든 살아 있는 것은 자신의 생명력을 가지고 있습니다. 그리고 모든 살아 있는 것의 생명력은 생명을 낳는 능력, 즉 영원한 하나님의 비리디타스에 의해 주어지는 것입니다." Hildegard of Bingen, The Letters of Hildegard of Bingen[빙엔의 힐데가르트의 편지들], vol 1, Oxford University(1994), 95.

힐데가르트에 의하면 인간은 대우주 안에 존재하는 소우주다. 그래서 자연과 인간이 서로 긴밀히 연결되어 있고, 나아가 인간과 자연은 하나다. 자연을 이루는 것들이 인간의 몸을 이루고 또한 정신을 이룬다. 몸과 영이 하나로 연결되어 있기 때문에 그녀에게 구원은 곧 몸의 치유와도 같다. 그래서 힐데가르트는 인간의 영혼뿐 아니라 자연에 깊은 관심을 가지고, 인간의 악행으로 인해 파괴되어 가는 자연의 탄식에도 귀를 기울였다.

> 만물의 요소들이 외쳤습니다. "우리는 우리 주님
> 이 지시해 주신 우리의 과제를 더 이상 수행할 수
> 없습니다. 인간들이 악행을 저질러 우리를 파멸시
> 키고 휘저어 놓았기 때문입니다. 우리는 이제 악
> 취를 풍기고 정의에 굶주려 죽어 가고 있습니다."
> … 비리디타스는 눈 먼 인간 무리들의 어리석음
> 때문에 말라 버리고 말았습니다. Hildegard of Bingen, *The Book of the Rewards of Life*[생명의 보상], Oxford University(1997), 125-26.

나아가 힐데가르트에게 음악은, 잠시나마 모든 생각을 접어두고 자연의 빛과 소리에 자신을 개방하고 머무르도록 인도하는 기도다. 음악은 전체 창조 질서 안에서 조화를 이루는 자신의 위치를 깨닫도록 자신의 내면에서 울려오는 소리를 들을 수 있게 인도한다. 그녀에게는 일상생활에서 보고, 듣고, 만지고, 맛보고, 느끼는 모든 것들이 하나님의 생명력, 비리디타스를 대하게 되는 통로이다. 따라서 힐데가르트는 예배뿐 아니라 바른 식생활과 자연 치료법, 보석 치료, 음악, 그림이 모두 영성적으로 중요하다고 보았다.

에코페미니즘

힐데가르트의 비리디타스 영성이 얼마나 독특하고 중요한 의미를 지니는지는, 환경 문제와 더불어 주목받는 최근의 에코페미니스트(생태여성주의자)들의 주장을 보면 가늠할 수 있다. 생태학ecology과 여성주의feminism가 결합된 '에코페미니즘' Ecofeminism은 여성의 차별과 자연의 파괴가 결국 같은 이유에서 비롯되었을 것이라 주장한다.

유력한 에코페미니스트 이론가인 밸 플럼우드Val Plumwood는 여성 억압과 자연 억압의 뿌리에는 결국 가부장적 위계질서, 자연을 인간을 위한 도구로만 여기는 도구적 세계관, 약자를 정복하려는 군사주의, 그리고 극대 이윤과 욕망을 추구하는 자본주의 등이 자리 잡고 있다고 말한다.

구체적으로 상하 질서를 강조하는 서구의 가부장제에서는 인간-자연, 남성-여성, 영혼-몸, 이성-감정 등이 양극을 이루며 분리되어 있고, 이 구조에서 전자는 항상 후자보다 우월하다. 이러한 가부장제 안에서 강자(남성·인간·영혼·이성)는 약자(여성·자연·몸·감정)를 통제와 억압을 통해서 정복하고 이용한다. 이것은 자연히 폭력을 통한 정복, 즉 군사주의적 해결책을 정당화한다. 그래서 에코페미니스트들은 군사작전이 이루어지는 전쟁터에서 특히 여성과 자연이 파괴되어 온 역사를 여성과 자연을 타자로 보아 온 가부장적 이원론의 결과로 본다. 이러한 억압 구조가 생산의 극대화와 소비를 추구하는 현대 자본주의와 만날 때, 약자이며 타자인 여성과 자연에 대한 억압은 극에 달해 마침내 착취의 대상으로 희생된다.

에코페미니스트들은 그 결과 지구 전체가 공멸할 위기에 처했다고 진단하며, 그 대안으로 종전까지의 이분법적 사고(여성=자연, 남성=문명)를 탈피하고, 서로 적대적인 관계가 아닌 조화와 균형의 관계를 추구해야 한다고 주장한다. 또한 이 모든 억압의 근원이 되는 자연 지배의 전통을 깨뜨리기 위해서는 인간이 자연을 초월하여 존재할 수 없으며, 자연과의 차이점은 물론 공통점을 가지고 지구에 공존하고 있음을 인정해야 한다고 생각한다.

결국 힐데가르트와 마찬가지로 에코페미니스트들은 여성을 포함한 모든 자연에 대한 관심과 회복을 통해 조화롭고 평화로운 세상을 이룰 것을 제시한다.

한국 사회와 여성 리더십

남성 중심의 질서가 견고하게 뿌리내리고 있던 중세시대에, 힐데가르트는 그녀의 명성을 듣고 지혜를 구하는 수많은 정치·종교 지도자들과 수백 통의 편지를 주고받았다. 그녀는 더 이상 억압을 당하는 여성이 아니라, 자신의 독특한 영성을 통해서 여성과 남성 모두에게 영향을 끼치는 새로운 리더였다. 또한 그녀는 남성 중심, 인간 중심의 세계관으로 여성과 자연의 희생이 정당화되던 시대에 모든 만물 안에 깃들어 있는 하나님의 생명력 '비리디타스'를 발견하고, 남성과 여성, 인간과 자연 모두가 동등하게 조화와 평화 속에 사는 세상을 추구함으로써 창조 영성, 생태 영성, 에코페미니즘의 선구자 역할을 했다.

이제 다시 현재의 한국 사회를 보자. 최초의 여성 대통령은 우리나라의 발전과 여성 리더십의 발전에 좋은 기회가 될 수도 있지만 반대로 악재가 될 수도 있다.

최초의 여성 대통령에게는 미래의 여성들에게 고유하고 여성다운 리더십의 모범을 보여 줄 역사적 사명이 주어져 있다. 박근혜 대통령이 힐데가르트처럼 여성 고유의 통찰과 영성을 발전시키고 이를 국정 수행에 적용한다면 좋은 기회가 될 것이다. 하지만 반대로 그저 '치마'만 입는 수준에서 '따뜻하고 부드러운 여자' 이미지로 치장하는 데만 그친다면, 대한민국의 여성 리더십은 발전의 기회를 놓치고 정체되거나 퇴보하고 말 것이다.

사실 청와대라는 곳은 여성들로 하여금 사소한 것에도 관심을 갖게 하고, 그 속에서 조화를 추구하게 하는 일상생활과 단절되기 쉬운 공간이다. 또한 권력의 정점에 있는 지도자라는 위치는 가부장적 권력에 의한 희생자로서의 여성과 약자들의 아픔을 잊기 쉬운 자리이기에 쉽지는 않을 것이다.

여러 면에서 매우 '남성적'이었던 이명박 정부 집권 기간 동안, 4대강 개발 등으로 자연은 신음하고 있으며, 중산층 붕괴와 빈곤층 확대로 대한민국 사회라는 생태계는 균형이 무너졌다. 대한민국 최초의 여성 대통령이 단지 '고 박정희 전 대통령의 딸'로서 그녀의 아버지가 지녔던 남성적인 이미지로만 역사에 남지 않기 위해서는 이 훼손된 자연적, 사회적 생태계를 회복하는 데 리더십을 발휘해야 할 것이다.

박근혜 대통령에 대한 정치적 평가나 호불호를 넘어서서, 여성 대통령의 등장이 우리 사회에서 여성 리더십의 발전을 가져오는 계기가 되기를 바란다. 이를 위해, 남성들과는 다른 여성 고유의 통찰과 영성으로 역사적 사명을 다한 힐데가르트의 비리디타스 영성이 우리 사회의 여성들에게 의미 있는 영감을 주리라 확신한다.

A. 인명, 주제(가나다 순)

가난 11, 167-177, 184-185, 210, 250-252, 255-256, 283, 302, 306-307
갈등 67, 194-195, 262, 265, 270
   창조적 갈등과 파괴적 갈등 294-295
갈망(또는 목마름, 열망) 75-84, 89, 91, 96, 133, 136, 158, 170, 182, 185, 188, 198, 201, 213, 228, 231-232, 242, 257, 262
감사 57, 137
강철우리(iron cage) 10, 144-147, 150
겸손 69-71, 120, 151, 163, 171-172, 186-188, 225-228
경건 144, 146-147, 211, 276, 279, 280-282, 284, 314
   경건 서적 91, 135
경이(또는 경탄, wonder) 42, 84, 109
   사랑과 30
   신비와 9-10
   정의 28
   철학과 27-29
경험주의 42
계시 6, 64, 100, 104, 106-107, 109-110, 209, 213, 307
권태, 무관심, 싫증 75-78, 80-81, 83
고독 190
고봉준 275-276
고통(또는 아픔) 53, 102-103, 108, 168, 177, 187, 207, 225-226, 237-240, 237-240, 244-246, 282-283, 290, 310
공동체 11, 150, 176, 190, 197, 211, 219-221, 224-228, 231-232, 242, 249-251, 253, 255-258, 271, 288, 314
관료제도(bureaucracy) 145, 147
관상(또는 contemplation) 51, 77-79, 135
   관상 생활(contemplative life) 81
   활동과 138
교회 40, 94, 96, 108, 151, 309
   공동체 220, 226, 250-251
   그리스도의 몸 90, 256, 209
   변질된 305, 309
   세속화 162, 164, 201, 205
   제도에 갇힌 11, 47, 205, 213-215
   중세 교회 55, 89, 160
   초대교회(또는 고대 교회) 40, 183, 221, 251, 290-291, 298
   현대 교회 9, 168, 219, 232
가톨릭(Catholic, Catholicism) 47, 50-51, 63-64, 92, 95, 222
개신교 51, 55, 189, 215, 219
   감리교(또는 규칙주의자) 95, 130-131, 305
   고백 교회(Confessing Church) 277
   근본주의 222
   독일 교회 201
   랜터파(Ranters) 207
   모라비안(Moravian) 95
   미국 교회 146-147, 159, 215, 292
   성결교 303

영국 국교회 207, 213
장로교 207, 262, 264, 305
청교도(또는 청교도주의) 144, 207,
    146-147, 222
침례교(재세례파) 207
퀘이커(Quakers) 95, 209-210
프로테스탄트(Protestant, Protestantism)
    63, 215
한국 교회(또는 한국 기독교) 56, 138,
    159, 168, 189-190, 219-220,
    238, 245, 257, 262, 265, 271,
    276, 291, 293, 302
교회 개혁(또는 종교개혁) 47, 50, 56, 214,
    222
구원 12, 40, 49, 55, 92, 134-135, 187,
    212, 252-253, 257, 268, 281, 303,
    305, 309, 316
    구원사 134
권정생의 『우리들의 하느님』 244
귀용, 잔느(Jeanne Guyon) 88, 91-97
    『순전한 사랑』 91
    『친밀한 기도』 91
규칙(rule) 11, 131, 217-232
    리듬으로서 230-232
    『베네딕트의 규칙』(The Rule of
        Benedict) 221-222, 224-226
    『아우구스티누스의 규칙』(The Rule of
        Augustinus) 221
    『파코미우스의 규칙』(The Rule of
        Pachomius) 221
    『프란치스코의 규칙』(The Rule of
        Francis) 222

그레고리우스 닛사의(Gregorius Nyssenus)
    49, 84
    『모세의 생애』(Life of Moses) 80-81
    [아가서 주석](Commentary on the
        Song of Songs) 81-82
    『영혼과 부활』(De anima et resurrectione)
        38-39
그리스도(또는 예수) 91-92, 95, 160, 173,
    208
    가난하신 177-178
    교회의 머리 209
    나의 삶에 찾아오시는 119
    새롭고 산 길 209
    모델 11, 54-55, 169, 171, 182, 184,
        223, 226 240, 244-245, 266
    부활하신 41-43
    성육신하신 108, 121-122, 239, 240,
        245
    수난 받는 104, 108-109, 198, 200
    신랑 48-49, 52-53, 82, 84
    어머니 107-109
그리스도인(또는 성도, 신자) 10, 54,
    56-57, 88-89, 95, 151-152,
    161-162, 177, 182, 185, 189, 197,
    230, 250, 280-281, 290
    긍휼의 사람 243-246, 257-258
    신부 49-50, 53, 82, 84, 94
    영혼 49, 52, 55, 64-68, 70-71,
        81-83, 115
    정의와 희생정신 290-298
    하나님 나라 백성 221
    한국 기독교인 118-119, 138, 265

현대 기독교인 200, 220, 226, 230, 232
금욕 145, 147, 185, 240-243, 258
　　금욕주의(asceticism) 40, 243
　　금욕주의적 합리주의 144
　　금식 54, 160, 221
긍휼(또는 동정, compassion) 11, 150, 235-246, 284
기계장치의 신(Deus ex machina) 199-200, 279-280
기도 56, 57, 65, 104, 116-117, 160, 163, 176, 185, 210, 221
　　기도 훈련 116
　　노동과 224
　　독서와 132-133, 135
　　성찰 65, 185, 210, 213, 228-229, 243, 245
　　통성기도 210
　　철야기도 118
　　화살기도(ejaculatory prayer) 137
　　활동과 51
기독교 영성학(Christian spirituality) 7
기독론 108
기쁨 53, 83, 94, 132, 171
기어, 리처드(Richard Gere) 117
기억(recollection) 134-135
길선주 262-265, 270
김교신과 민본 사상 302-310
　　《성서조선》304, 308
깨달음 109, 134, 138, 176
　　깨닫다 65, 82, 132, 187, 211, 232, 278, 317
나우웬, 헨리(Henri J. M. Nouwen) 198, 244-245
노래 29-30, 87
　　찬미(또는 찬양) 71, 228-230
뉴먼, 바바라(Barbara Newman) 315
뉴먼, 존 헨리(John Henry Newman) 104
니묄러, 마르틴(Martin Niemöller) 277
니부어, 라인홀트(Reinhold Niebuhr) 277
다니엘과 친구들 304-305
다니엘루, 장(Jean Daniélou) 81
덕(virtue) 24, 74, 172-3, 227, 240, 315
데카르트, 르네(Rene Descartes)의 『정념론』 29
도종환의 「단풍 드는 날」 181
독서(또는 읽기) 6-7, 9, 68, 70, 89, 108, 182, 191, 210-211, 222, 230-232, 278, 289, 301, 308
　　렉시오 디비나(lectio divina) 135
　　방어기제 7
　　변화(transformation)를 위한 독서와 정보(information)를 위한 독서 136
　　영적 독서 129-139
두려움 57, 113, 222, 227-228
딜타이, 빌헬름(Wilhelm Dilthey) 278
라우스, 앤드루(Andrew Louth) 77-78
레오 10세(Pope Leo X) 48
로렌스 수사(Brother Lawrence) 115-116, 120-122
　　『하나님의 임재 연습』 112, 116-117, 120
루이스, C. S.(Lewis, C. S.)의 『나니아 연대기: 새벽 출정호의 항해』(*The Voyage of the 'Dawn Treader'*) 6, 30-31

루터, 마르틴(Martin Luther) [그리스도인
  의 자유에 관하여](*Von der Freiheit
  eines Christenmenschen*) 47-55
루터의 기도 57
막달라 마리아 40-41
매켄지, 데이비드(David MacKenzie) 35
머튼, 토머스(Thomas Merton) 105
  『삶과 거룩함』(*Life and Holiness*) 239
  [새로운 관상의 씨앗들](*New Seeds
  of Contemplation*) 51, 158
면학심(studiositas) 25
모바일 게임 143, 150-151
모세 80, 121, 185
몸(또는 육체) 10, 36, 39-44, 49, 52, 54,
  77, 89, 91-94, 96, 101-104, 110,
  122, 137, 144, 176, 181, 185, 187,
  197, 200, 209, 231, 302, 316, 318
  영적인 몸(또는 신령한 몸) 41, 43
무에서의 창조(creation ex nihilo) 79
문정희의 「찬밥」 102
물질 31, 96, 151, 164; 물질주의 162
믿음 10, 48-57, 67, 83, 92, 97, 161, 189,
  200, 228, 256, 262, 271, 305
바울 38, 49, 81, 151, 185
바실리우스, 가이사랴의(Basil of Caesarea)
  252-258
박완서의 『한 말씀만 하소서』 237, 239
버니언, 존(John Bunyan) 210-213, 215
  『천로역정』(*The Pilgrim's Progress*)
  210-213
번영신학 168
베네딕트, 누르시아의(Benedict of Nursia)
  224-230: 또한 '규칙'을 보라.
베드로 151
베버, 막스(Max Weber) 144-145, 150
  『프로테스탄트 윤리와 자본주의
  정신』 150
베트게, 에버하르트(Eberhard Bethge) 277,
  274
보수에, 자크(Jacques Benigne Bossuet) 92
복음 159, 212-213, 249, 267, 292-293,
  302, 304, 306-310
복음서 171
《복음과상황》 8, 9, 12
본회퍼, 디트리히(Dietrich Bonhoeffer)
  196-202, 214
  『나를 따르라』(*Nachfolge*) 197
  『신도의 공동생활』(*Sanctorum
  Communio*) 197-198, 277
  『옥중서간』(*The Letters and Papers from
  Prison*) 198-199, 202, 276-283
부의 공공성 11, 254-258
  또한 '바실리우스'를 보라
부흥 : 미국의 대각성운동 146, 150
  영국의 부흥운동 129
  평양대부흥운동 262
분노 57, 200, 267-270, 287
분심(分心) 187
블루멘버그, 한스(Hans Blumenberg) 23
비리디타스(viriditas) 12, 315, 317, 320, 322
비폭력(nonviolence) 295
빙엔, 힐데가르트(Hildegard of Bingen)
  312-320
빛 44, 65-66, 70-71, 78, 80, 134, 136,

164, 213, 317
  내면의 빛 208-209
사막의 교부들 179-190
  『사막 교부들의 금언집』
    (*Apophthegmata Patrum*) 180, 182,
    184-188, 190
  또한 '안토니우스'를 보라
사랑 25, 26, 29, 83, 115
  나라에 대한 307
  완전한 227-228
  위장된 197
  어머니의 101-103
  이웃을 향한 151, 177, 239, 244,
    252-258
  자비 187-188
  지식/진리와 26
  하나님 사랑(神愛, amor Dei, 또는 그리스도를 향한) 36, 65, 96, 133, 151,
    227, 239, 252-254, 256
  하나님의 사랑 93, 109-110, 119,
    148, 174, 256
사사키 아타루(佐々木中) 7
사탄 114, 185, 187, 211, 243
  악한 영 117
사회적 양극화 145
삼위일체 108, 164
삼일(3·1)운동 262
상상력 5, 90
상징 31, 62, 121, 213, 270
생명 29, 38, 53, 103, 108-109, 186, 208,
  287, 289, 309, 316, 320
  생명력 12, 189, 214, 315-317

선불교 117
선행 54-55, 160-161
  덕행 173
설교(또는 설교문) 87-88, 146, 154,
  160-162, 169-170, 206, 209, 213,
  238-239, 254-256, 258, 262,
  264-269
섬김 11, 54-55, 245
성경공부 87-88, 129, 138
성령 43, 57, 77, 152, 185, 227
  하나님의 영 92, 149, 151, 170, 208,
  315
성무일도(Opus Dei) 224, 228-230
성사적(sacramental) 세계관 31
성서해석 49, 90, 93, 263
성육신 '그리스도'를 보라
세네카(Seneca)의 『영혼의 치료자』 193
세상(oikoumene) 11, 79, 100, 107
세월호 238, 245, 287, 289, 297
소망(또는 희망) 83, 152, 206, 208, 215,
  228, 231, 306, 310
소명 209
소비(또는 소비주의) 10, 156-164, 319
소크라테스(Socrates) 294
  철학과 경이 27-29
수도원(monastery) 63-64, 115, 222, 229,
  253, 315
  수도원 개혁 171-172
  수도 생활 183-184, 240
  수도원 운동(monasticism) 222, 252
  수도원장 224, 226, 314
  수도자(또는 수사) 50, 95, 115, 182,

224, 227-228, 230, 240, 243, 246, 253
사막 수도자 182-187, 189-190, 231
은둔 수도자(또는 은수자, hermit, anchorite, anchoress) 104, 169, 252-253, 314
수도회(order)
갈멜수도회(Carmelites) 63, 115
베긴회(Beguines) 314
베네딕트회(Benedictine) 224
아우구스티누스회(Augustinian) 50
정주수도회 230
탁발수도회 230
프란치스코회(Franciscan) 171
순교 183, 265, 269
순수 문학 275-276
순종 225-226
스마트폰 151, 232
스투디오시타스(studiositas) 25
슬픔 53, 57, 242, 287, 289
습관 10, 88, 131-132, 136, 223, 227-228, 267
시 30, 101-102, 181, 277
시험 67, 185, 211
신 나는 맞바꿈(joyful exchange) 52-53, 56-57
신뢰 66, 83, 176, 226
신비 9-10, 28-30, 42, 50, 56
신비주의 50
신성(또는 신적 본성) 77, 79, 149
신앙 84, 92, 95, 140, 211, 238-240, 242, 252, 276-277, 284, 291-292, 298

신영복의 『감옥으로부터의 사색』 178
신클레티케, 암마(amma) 187
신화(divinization, theopoiesis) 78
실천 131, 133-135, 138, 176, 211, 214, 226, 267-268, 291-292, 308-309
행동(praxis) 190, 282
심판 146
십자가(또는 수난) 95, 108-109, 239-240, 245
아가(또는 아가서 주석) 49, 81-82, 88-95, 97
아리스토텔레스 27
아브라함 189
아우구스티누스, 히포의(Augustinus Hipponensis) 23, 243, 294
경이와 지적 탐구 28
[삼위일체에 관하여](De Trinitate) 25
습관의 폭력 131-132
[요한복음 논고](In Johannis evangelium tractatus) 43-44
아타나시우스, 알렉산드리아의 (Athanasius of Alexandria) 79, 240, 243
『안토니우스의 생애』(The Life of Antony) 240-243, 246
아퀴나스, 토마스(Thomas Aquinas) 293
악(vice) 24, 52, 227, 283
악행 54, 56, 316-317
안토니우스, 이집트의(Antonius of Egypt) 183, 240-243, 246
또한 '아타나시우스'를 보라
애통 188, 307
어둠 78, 80

에드워즈, 조나단(Jonathan Edwards)
146-151
  자율적 행위자(voluntary agents) 148
  Sinners in the Hands of an Angry God[진노
  하시는 하나님의 손 안에 있는 죄인
  들] 146
에코페미니즘(Ecofeminism) 318-319
에크하르트, 마이스터(Meister Eckhart)
160-163
에펙타시스(epektasis) 81-82, 84
에피쿠로스(Epicurus) 39
엘리야 185
엘리엇, T. S.(T. S. Eliot) 106
여성 63-66, 89, 96, 313-315, 318-322
  어머니 101-110
  여성 리더십 310-325
  여성 신학자 108
  여성 신비가 8, 64-65, 83, 115, 314
연대(solidarity) 152
영성 26, 28, 29, 68, 219, 315
  가난의 영성 168-177
  긍휼의 영성 235-246
  사막의 영성 179-190, 240-243, 246
  사회적 측면 11
  생태 영성 311-322
  예언의 영성 259-271, 285-298
  저항의 영성 273-284
영성 고전 6-9, 48, 129-130, 132,
  138-139, 221-222, 224, 230, 232
영성사(史) 221
영성 생활 43, 51, 169, 176, 220-223,
  230-232

신앙생활 42-43, 77, 84, 119, 129,
  131, 134, 162-163, 212, 304-305
영성 일기 204, 206, 208-209, 232
영성 형성 185, 223, 243
영성 훈련(또는 영적 수련) 10, 43, 89, 132,
  134, 173, 185, 198, 231, 241-244
영적 감각 36-43
영적 경험 6-7, 188, 208
  또한 '하나님 체험'을 보라
(영적) 변화 41, 43, 148, 150, 201-202
영적 분별(또는 영성 식별) 185-186, 243
영적 비전(幻視) 104
영적 성숙(또는 성장) 68, 91, 130, 231
영적 스승(abba, amma) 188
영적 여정 43, 65-66, 68, 70, 80, 84, 114
  믿음의 여정 185
  신앙의 여정 249
영적 전쟁 117, 243
영화, 애니메이션, 드라마
  〈겨울왕국〉(Frozen) 5, 61
  〈무한도전〉 155
  〈변호인〉 302
  〈접속〉 114
  〈정도전〉 301
  〈퍼펙트 센스〉 35, 42
영화(靈化, glorification) 41, 43-44
예수: '그리스도'를 보라
예언자 145
오리게네스(Origenes Adamantius) 49,
  77-79, 92
  [켈수스에 대항하여](*Contra Celsum*)
  37-38

De Principiis 78
외모지상주의 155
요한, 사도 49
요한, 세례자 185
욕망 191-202
    고상한 11, 191, 196, 198, 200-201
    모방 욕구 194-196
    비뚤어진 10, 23, 117, 131, 186
    안목의 정욕(concupiscentia oculorum) 24
    육체의 144
    정욕 90
    탐욕(또는 욕심) 40, 53, 56, 145, 147-148, 151, 161, 163-164, 194, 196-198, 200, 254-256
용기 6, 11, 43
우울 57
우치무라 간조(內村鑑三) 300, 303
웨슬리, 존(John Wesley) 129-130, 135
위로 53, 57
윌리암스, 로완(Rowan Williams) 104
유혹 114, 186-187, 257
은혜 50, 53-54, 77, 132, 134-135, 138, 146, 188, 208-209
음악 209-210, 317
의도의 순수성(purity of intention) 132-133
이기풍 265-269, 270
    이사례 269
이성주의 147
이원론 40, 117
이웃(또는 타자) 11, 54-56, 76, 150-151, 168, 174, 201, 239-246, 282-284

인간 23-29, 35-38, 39, 42, 77-81, 93-94
    욕망하는 193-196
    종교적인 279-280
    현대인 37, 144, 148-151, 158, 205, 222, 230, 232
인내 187-188
인식론 26
인종차별 288
일상 9, 96, 114-122, 138, 190, 231-232, 238
    일상생활 5, 56, 232, 317, 321
자기부정 43, 62
자기 이익(또는 이기심) 133, 149, 151, 163, 177
자기 이해(self-understanding) 66
자기 사랑(self-love) 133, 147, 148, 161
자본주의 10, 143-145, 147, 150, 168, 219, 230, 25 7-258, 318-319
자아 : 거짓 자아 10, 158, 188
    참된 자아 158-159, 164, 188
자연 12, 76, 316-321
    생태계 12, 321
    자연법 254
자유 50, 53-54, 56, 163, 177, 186, 220
자유의지 148
전쟁 261, 264, 270, 319
    정당한 전쟁(just war) 261
절제 185-186
정념론 29
정도전의 민본 사상 301-302, 309
정의 11-12, 42, 200, 259-271, 287-298
정체성 68, 193, 221, 314

정한론(征韓論) 309
정화(purification) 77-78, 90
제국주의자 27
제자 11, 28, 39, 42, 169, 172-173, 177, 188, 251, 266, 268, 270
조명(illumination) 90
조제프, 보포르의(Joseph de Beaufort) 112
종교 6, 90, 92, 117-118, 161, 163, 195, 198-200, 205, 210, 214, 269, 279, 281
    비종교적(religionless) 기독교 200-201, 214, 278-279, 281-284
    순수 종교 276, 283-284
종교개혁 : '교회개혁'을 보라
종교재판 64, 92-94
좌절 53, 57
죄 24, 40, 52-53, 56, 94, 148, 160-161, 168, 227, 264, 268-269, 271, 283
    속죄 281
    정죄 53, 64, 92, 314
    죄과 121
    죄악 89
    죄의 감옥 50, 53
    죄의 성향 118, 148
    죄의식 53, 57
    죄의 옷 175-176
    죄인 146
줄리안, 노리치의(Julian of Norwich) 83-84, 99-100, 104-110
    『계시』(*Showings*) 100, 105
죽음 53, 103, 108, 168, 186, 189, 197, 238, 269, 287, 298, 308

지라르, 르네(René Girard)의 '모방 욕구 (Mimetic Desire) 이론 194-195
지성(nous) 78
지식 26, 29
지옥 146, 227
지혜 6-7, 9, 29, 70, 79-80, 136, 138, 188, 145, 206, 225, 232, 262, 320
지식사회학 26
진리 26
진선미(眞善美) 42
철학 23, 27-29, 193, 278
첼라노, 토마스(Tommaso da Celano)의 *The Life of Saint Francis*[성 프란치스코의 생애] 169
침묵 185, 190, 209-210
커닝햄, 로렌스(Lawrence Cunningham) 223
켐피스, 토마스(Thomas Á Kempis)의 『그리스도를 본받아』(*Imitatio Christi*) 130
콘스탄티누스 황제(Constantine the Great) 251
큐리오시티(curiosity) 23-24
클라우드(cloud) 서비스 113, 232
클레멘트, 알렉산드리아의(Clement of Alexandria) 252
클리마쿠스, 요한(John Climacus)의 『거룩한 등정의 사다리』 114
키프리아누스, 카르타고의(Cyprianus of Carthage) 252
킹, 마틴 루터(Martin Luther King, Jr.)의 [버밍엄 감옥에서 보낸 편지](Letter from Birmingham Jail) 285-297
타락 38, 148, 162

탁발 171-172
테레사, 아빌라의(Teresa of Ávila):
　『영혼의 성』(*El Castillo Interior*) 62-71, 115
토지 255, 301
톰슨, 마조리(Marjorie Thompson) 231
판타지 소설:『해리 포터』(*Harry Potter*) 5
평화 12, 259-271, 294-295, 319-320
포스트모더니즘 220
폭스, 매튜(Matthew Fox) 315
폭스, 조지(George Fox) 206-210, 213, 215
　『조지 폭스의 일기』 206, 208-209
폴루스, 트리나(Trina Paulus)의 『꽃들에게 희망을』(*Hope for the Flowers*) 119
프란치스코, 아씨시의(Francis of Assisi) 11, 168-177
　『가난 부인과 성 프란치스코의 거룩한 교제』 172
　『덕의 찬가』(*A Salutation of the Virtues*) 172
　「초기 회칙」(*The Earlier Rule*) 171
　「훈계들」(*The Admonitions*) 176-177
플라톤 27
　플라톤주의자 40
　플라톤 사상 79
플럼우드, 밸(Val Plumwood) 318
피조물(또는 창조물) 31, 36, 78, 148, 315
피터, 블루아의(Peter of Blois) 8, 138-139
피터슨, 유진(Eugene Peterson) 159
하나님 132
　내재하시는 65-71, 115, 120
　늘 새로우신 84
　다 알 수 없는 79-80
　목자 70
　무한하신 83, 107
　버림받은 148
　사랑의 대상 65
　아버지 54, 57, 107, 164, 249
　어머니 99, 107-108
　연인 88, 96-97, 115
　일상에 임하시는 118, 122
　자신을 알려주시는 77
　전적 타자 36, 84
　정의로우신 255
　진노하시는 146
　창조주 36, 78, 103, 158
　하늘 위의 116, 119
하나님과의 대화 116, 120, 137
하나님과의 연합(또는 일치) 11, 51, 78, 80, 89-90, 92-93, 114-115, 149, 160, 163
　그리스도와의 연합 54-55
　영적 결혼 49-50, 52, 77, 93-94
하나님과의 친밀함 89, 96, 116, 120, 160, 175
하나님의 뜻 133, 148, 163, 238, 290, 308
하나님의 부재 42
　영혼의 밤 91
하나님의 음성 106
하나님의 현존(또는 임재) 5, 42, 65-71, 92, 107, 115-116, 121-122, 135, 151, 177, 185, 187, 231
　하나님 임재 연습 120
하나님 체험 63, 83, 91, 121, 185-186,

210, 219
하나님 나라 170, 214, 221, 271, 290, 302, 310
한국 사회 144, 269, 276, 284, 320-321
한국 신학 308
합리주의 42
헌법 302
현각(玄覺) 117
《현대문학》275, 283
호기심 23-27, 84
홀더, 아서(Holder, Arthur G.) 6

홀로코스트(Holocaust) 134
환대(hospitality) 188
환상 156, 159, 163-164
황홀경(ecstasy) 80, 159, 242
회개(또는 고백) 170, 188, 226, 264, 267
회심 11, 146-147, 149-150, 152, 168-169
회의론자 39
히페레키오스, 압바(abba) 184
SBNR(Spiritual but not Religious) 205-206, 214-215

B. 성서 본문

출애굽기 20:17. 194
출애굽기 33:20. 36-37
시편 34:8. 37
시편 85:10. 265
시편 95:7. 37
시편 119편. 231
잠언 2:5. 37
이사야 32:17. 265
이사야 61:1. 302
마태복음 5:8. 37
마태복음 19:21. 183
마태복음 21:12. 160
마태복음 23:23, 27. 271
마가복음 10:21. 251

누가복음 24:30-31. 42
요한복음 1:18. 36-37
요한복음 6:33. 38
요한복음 20장. 41
사도행전 4:32-35. 251
고린도전서 9:27. 40
고린도전서 10:11. 185
고린도전서 13:12. 43
고린도전서 15:44. 43
고린도후서 2:15. 38
에베소서 4:22-24. 137
에베소서 4:22-32. 265
에베소서 5:20. 49
빌립보서 3:13. 81
야고보서 2:14-17. 298
요한일서 1:1. 38
요한일서 3:2. 41.
요한계시록 3:20. 123

백 투 더 클래식

엮은이　　권혁일

2015년 6월 29일 1판 1쇄 펴냄
2015년 8월 10일 1판 2쇄 펴냄

펴낸곳　　도서출판 예수전도단
출판 등록　1989년 2월 24일(제2-761호)
주소　　　경기도 고양시 일산동구 호수로 340-11, 301호 (백석동)
전화　　　031-901-9812 · **팩스** 031-908-9986
전자우편　publ@ywam.co.kr
홈페이지　www.ywampubl.com

ISBN 978-89-5536-468-2
책값은 뒤표지에 있습니다.